AF626043

Bitte richten Sie Ihre Wünsche, Kritiken und Fragen an:

Fachstelle Kinderwelten für Vorurteilsbewusste Bildung und Erziehung
Institut für den Situationsansatz/Internationale Akademie INA Berlin gGmbH
Geschäftsstelle: Muskauer Str. 53, 10997 Berlin
Tel.: 030-6953 9990
Fax: 030-6953 999 29
www.situationsansatz.de · www.kinderwelten.net

ISBN: 978-3-945810-21-7

Alle Rechte vorbehalten
© 2017 Was mit Kindern GmbH
Das Werk und alle seine Teile sind urheberrechtlich geschützt. Jede Verwertung außerhalb der Grenzen des Urheberrechtsgesetzes ist ohne Zustimmung des Verlages nicht zulässig und strafbar. Das gilt insbesondere für Vervielfältigungen, Übersetzungen, Mikroverfilmungen und die Einspeicherung und Verarbeitung in elektronischen Systemen.

Lektorat: Erika Berthold
Gestaltung: Nora Döring
Umschlaggestaltung: Erik Neumann | studio luxabor
Fotos: Volker Döring und Paul Stenzel
Druck und Bindung: Umweltdruck Berlin
Papier: FSC Mix
Printed in Germany

Weitere Informationen finden Sie unter: www.wamiki.de

Evelyne Höhme, Mahdokht Ansari, Anke Krause, Ulla Lindemann, Sandra Richter, Petra Wagner

# Inklusion in der Kitapraxis: Die Zusammenarbeit mit Eltern vorurteilsbewusst gestalten

Institut für den Situationsansatz/Fachstelle Kinderwelten (Hrsg.)

Gefördert vom

Bundesministerium
für Familie, Senioren, Frauen
und Jugend

wamiki

# Vorwort

Inklusion ist für Bildungseinrichtungen Anspruch und Verpflichtung: Bildungsgerechtigkeit anstreben, kein Kind ausschließen, Teilhabe aller Kinder und Familien sichern – so lauten die Stichworte.

Inklusion als internationale Verpflichtung hat seit der UN-Konvention für die Rechte von Menschen mit Behinderungen von 2006[1] kräftigen Schwung bekommen. Die Konvention spezifiziert grundlegende Rechte aller Menschen auf Teilhabe, Bildung und Nichtdiskriminierung, wie sie bereits in der Allgemeinen Erklärung der Menschenrechte von 1948 niedergelegt sind. Und wie sie in der UN-Kinderrechtskonvention bereits seit 1989 für alle Kinder formuliert sind, z.B. das Recht aller Kinder auf Bildung wie auch das Recht aller Kinder auf Schutz vor Diskriminierung. Eine Weltdeklaration der UNESCO ist schon 1990 mit »Bildung für alle« überschrieben. An rechtlichen Vorgaben und Willenserklärungen mangelt es also nicht. Dennoch alarmieren Ausschlüsse, Stigmatisierungen und Benachteiligungen auf Grund von Herkunft, Geschlecht, Hautfarbe, Alter, sozio-ökonomischem Status, Familienkonstellation, Behinderung, Aufenthaltsstatus, Fluchtgeschichte, Sprache, Religion u. a., die bereits junge Kinder erleben und die sich in Bildungsbenachteiligung zeigen.

Inklusion als Bildungskonzept gegen Exklusion erfordert einerseits, Kindern den Zugang zu Bildungseinrichtungen zu ermöglichen. Aber nicht nur das: Das Bildungsangebot ist so zu gestalten, dass alle Kinder Zugang zu qualitätsvoller Bildung bekommen. Was heißt das?

- Nicht Gleichbehandlung, sondern die Berücksichtigung unterschiedlicher Ausgangsbedingungen, so dass Chancengleichheit möglich ist.
- Nicht nur die Barrieren beseitigen, die Kindern den Zugang zu den Einrichtungen versperren, sondern auch die Barrieren in der Ausstattung, den Abläufen, der Kommunikationskultur u. a., die für manche Kinder innerhalb der Einrichtungen bestehen und die sie am Lernen hindern.
- Nicht Kinder und ihre Familien als »behindert«, »bildungsfern«, »ausländisch«, »auffällig«, »nicht normal« abstempeln. Sondern die stigmatisierenden Unterscheidungen erkennen und abbauen, die sozial und strukturell konstruiert werden.

---

1 In Deutschland seit 2009 in Kraft.

Es handelt sich um weitreichende Veränderungen unseres Bildungssystems, die nur möglich sind, wenn sie langfristig auf die politische Agenda gesetzt und verfolgt werden. Die Veränderungen sind auf allen Ebenen des Bildungssystems nötig, auf struktureller, institutioneller und pädagogisch-fachlicher Ebene. Das Abwälzen von Verantwortung auf die jeweils andere Ebene bringt nicht weiter. Jede_r ist gefordert, im eigenen Verantwortungsbereich dazu beizutragen, dass Inklusion gelingt.

Wie geht Inklusion konkret, in der Praxis von Krippen und Kitas? Hiervon handelt dieser Band, der Teil einer Buchreihe zu vier Handlungsfeldern inklusiver Kitapraxis ist. Die Handlungsfelder sind:

- Lernumgebung,
- Interaktion mit Kindern,
- Zusammenarbeit mit Eltern und
- Zusammenarbeit im Team.

Jeder Band enthält zu einem Handlungsfeld Beispiele aus der Kitapraxis, die pädagogische Fachkräfte im Rahmen des vom Bundesministerium für Familie, Senioren, Frauen und Jugend geförderten Projekts »Inklusion in der Praxis von Krippen und Kitas« (2012–2014) aufgeschrieben oder dem Projektteam berichtet haben. Um die Praxisbeispiele zu ermitteln, wurden Kitas, pädagogische Fachkräfte und Multiplikator_innen kontaktiert, die mit der Fachstelle Kinderwelten arbeiten oder an früheren Projekten beteiligt waren. Sie sind also Ergebnisse einer teilweise langjährigen Kooperation. Für jeden Band gibt es eine hauptverantwortliche Kollegin aus dem Projektteam.[2]

Die Beispiele geben Einblicke in pädagogische Praxis auf der Grundlage des Ansatzes Vorurteilsbewusster Bildung und Erziehung. Dieser Ansatz wurde seit 2000 als Adaption des kalifornischen Anti-Bias Approach[3] in Kinderwelten-Projekten entwickelt und verbreitet. Die bundesweiten Projekte dienten der Fokussierung der theoretischen Dimension »Gleichheit und Differenz« im Situationsansatz und lieferten wertvolle Impulse zu seiner Weiterentwicklung.[4]

Seit geraumer Zeit bezeichnen wir den Ansatz als inklusives Praxiskonzept, denn er teilt das Leitbild und wesentliche Prinzipien von Inklusion. Als inklusives Praxiskonzept hat der Ansatz mittlerweile auch Resonanz in der Aktualisierung von Bildungsprogrammen gefunden.[5]

---

2 Jeweils die Erstgenannte der Autorinnen.
3 nach Louise Derman-Sparks und Kolleg_innen: Derman-Sparks & A.B.C. Task Force 1989; Derman-Sparks/Olsen Edwards 2010
4 Vgl. Preissing/Heller: Qualität im Situationsansatz, 2009
5 Hamburg 2014, Berlin 2015

»Vielfalt respektieren, Ausgrenzung widerstehen« ist das Motto der vorurteilsbewussten Gestaltung von Praxis.[6] Sie besteht in der Berücksichtigung der Verschiedenheit kindlicher Lebenswelten und Lernbiographien und gleichzeitig in klaren Positionierungen gegen Ausschluss und Herabwürdigung von Menschen auf Grund von Merkmalen ihrer Identität.
Vier Ziele sind im Ansatz Vorurteilsbewusster Bildung und Erziehung wesentlich. Sie bauen aufeinander auf und leiten auch die innere Ordnung des vorliegenden Bandes:

**Ziel 1:** Alle Kinder in ihren Identitäten stärken. Jedes Kind findet Anerkennung und Wertschätzung, als Individuum und als Mitglied einer bestimmten sozialen Gruppe, insbesondere seiner Familie. Dazu gehören Selbstvertrauen und ein Wissen um seinen eigenen Hintergrund.

**Ziel 2:** Allen Kindern Erfahrungen mit Vielfalt ermöglichen. Auf der Basis einer gestärkten Ich- und Bezugsgruppen-Identität wird Kindern ermöglicht, aktiv und bewusst Erfahrungen mit Menschen zu machen, die anders aussehen und sich anders verhalten als sie selbst, so dass sie sich mit ihnen wohl fühlen und Empathie entwickeln können.

**Ziel 3:** Kritisches Denken über Gerechtigkeit und Fairness anregen. Das kritische Denken von Kindern über Vorurteile, Einseitigkeiten und Diskriminierung anzuregen heißt auch, mit ihnen eine Sprache zu entwickeln, um sich darüber verständigen zu können, was fair und was unfair ist.

**Ziel 4:** Das Aktivwerden gegen Unrecht und Diskriminierung unterstützen. Kritisch denkende Kinder werden ermutigt, sich aktiv und gemeinsam mit anderen für Gerechtigkeit einzusetzen und sich gegen einseitige oder diskriminierende Verhaltensweisen zur Wehr zu setzen, die gegen sie selbst oder gegen andere gerichtet sind.

Pädagogische Praxis zu diesen vier Zielen zu beschreiben ist ein langgehegter Wunsch aus unserem Arbeitszusammenhang. Wir wussten, dass Kolleg_innen mit Kindern ab jüngstem Alter viele spannende und eindrückliche Erfahrungen bei der Umsetzung des Ansatzes gemacht haben und machen. Aber pädagogische Praxis ist fließend und flüchtig, wenn sie nicht dokumentiert wird. Wir mussten davon ausgehen, dass viele denkwürdige, zauberhafte, anregende Momente leider nicht festgehalten wurden. Weil die Zeit fehlte, manchmal auch die Einschätzung, welcher Ausschnitt von Praxis es wert ist, beschrieben zu werden.
Das Projekt erlaubte uns nun, Praxisbeispiele systematisch zu sammeln und aufzuberei-

6 Ausführlicher in Wagner 2013, 22f.

ten. Ein Fragebogen an pädagogische Fachkräfte, mit denen wir bereits kooperiert haben, brachte ersten Aufschluss über vorhandene Beispiele. Im Laufe des Projekts ergaben sich weitere aus der engen Zusammenarbeit mit fünf Berliner Kitas, deren Fokus die vorurteilsbewusste Praxis mit den jüngsten Kindern war.[7] Im Projektteam wurde eine Auswahl von Praxisbeispielen vorgenommen und mit den betreffenden Kolleg_innen wurden Interviews dazu durchgeführt. Die transkribierten Interviews waren Grundlage für die Texte, die das Projektteam erstellte. Gleichzeitig verschriftlichten einige Kolleg_innen selbst ihre Praxisbeispiele.

Die Praxisbeispiele wurden zunächst den Handlungsfeldern zugeordnet, dann den vier Zielen, danach in Kapitel eingeteilt und in redaktionelle Texte eingebettet. Die Zuordnung der Beispiele zu den Handlungsfeldern war häufig nicht eindeutig, daher gibt es manchmal Querverweise auf Beispiele in den anderen Bänden. **Jedes Kapitel endet mit Reflexionsfragen, die unserem »Qualitätshandbuch für Vorurteilsbewusste Bildung und Erziehung in Kitas«[8] entnommen sind. Die Zahlen entsprechen der dortigen Nummerierung von Qualitätsansprüchen und -kriterien. Sie erleichtern interessierten Teams das Einsetzen des Qualitätshandbuchs für ihre inklusive Praxisentwicklung.**

Die Praxisbeispiele decken weder alle Vielfaltsaspekte ab, noch erheben sie den Anspruch auf Vollständigkeit dessen, was vorurteilsbewusste Praxis sein kann. Sie sind die »Ernte«, die wir zum gegenwärtigen Zeitpunkt eingefahren haben und als Anregung zur Verfügung stellen.

Wir haben Namen von Kindern und Familien in den Praxisbeispielen anonymisiert und auch die von pädagogischen Fachkräften und Einrichtungen, sofern die Kolleg_innen dies wünschten. Wir entschieden uns in den redaktionellen Texten für die Schreibweise mit dem »Gender-Gap«, die Raum lässt für all jene Personen, die sich im dominanten Zweigeschlechtlichkeitsmodell nicht aufgehoben sehen. In wörtlicher Rede haben wir darauf verzichtet und dem Duktus der gesprochenen Sprache Priorität gegeben. Wir sind uns bewusst, dass diese und auch andere Entscheidungen, wie wir Identitätsmerkmale und Sachverhalte in dieser Publikation ansprechen, nicht voll und ganz den Ansprüchen von Inklusion genügen. Sie zeigen unser Bemühen, das unter den vielfach exkludierenden Verhältnissen, die auch unser eigenes Denken durchdringen, notwendigerweise begrenzt bleibt.

---

7 Projektkitas 2012-2014: Kita Brittendorfer Weg/Eigenbetrieb Süd-West, Kita Warthestraße/FIPP e.V.; Kita und Familienzentrum Neue Steinmetzstraße/INA.KINDER.GARTEN; Kita Hoppetosse/Eigenbetrieb Nord-Ost; Kita Wilhelmstraße/Kita im tam – Diakonie Stadtmitte

8 Institut für den Situationsansatz/Fachstelle Kinderwelten 2016. Zu beziehen über www.situationsansatz.de

Im Prozess der Redaktion und des Lektorats wurden Kürzungen und Veränderungen vorgenommen. Diese schickten wir zur Autorisierung wieder an die Kolleg_innen zurück, deren Rückmeldungen eingearbeitet wurden. Manchmal ging es so einige Male hin und her – es war ein aufwändiger Prozess für alle Beteiligten. Und es war bedauerlich, wenn wir Texte nicht oder nicht in voller Länge übernehmen konnten.
Umso größer ist unser Dank an alle Kolleg_innen, die zu diesen Praxisbüchern beigetragen haben, mit ihren Texten, ihren Schilderungen, ihren Bildern, ihrer Geduld, ihrer Fachlichkeit - und mit ihrem Engagement für eine demokratische und inklusive Kitakultur mit Kindern und Familien. Unser Dank gilt auch den Teams, die hinter den einzelnen Kolleg_innen standen und es ihnen ermöglichten, sich den Texten zu widmen.
Bei der vorurteilsbewussten Praxis geht es nicht um »Gelungenes« in dem Sinne, dass alles glatt und reibungslos verläuft. Es geht auch um Verunsicherung, Zweifel oder Irrtümer, die man aufgedeckt oder erkannt hat. Der Anspruch ist nicht, keine Vorurteile zu haben – das wäre illusorisch. Die Aufgabe ist, sich seiner eigenen Vorurteile bewusst zu werden und ihre Auswirkungen zu erkennen, auf Kinder, Erwachsene, sich selbst. Das hohe Maß an selbstkritischer Reflexion, das pädagogische Fachkräfte mit ihren Beispielen zeigen, ist bemerkenswert.
Für die einmalige Gelegenheit, die Schätze zu heben, um sie nun hier zur Verfügung zu stellen, danken wir dem Bundesministerium für Familie, Senioren, Frauen und Jugend, das mit seiner Förderung dieses Vorhaben ermöglicht hat.

*Wir freuen uns über Rückmeldungen und Anregungen,*
*Ihr Projektteam*
*Mahdokht Ansari, Evelyne Höhme, Anke Krause, Ulla Lindemann,*
*Sandra Richter, Petra Wagner*

# Einführung: Die Zusammenarbeit mit Eltern vorurteilsbewusst gestalten

Vorurteilsbewusste Bildung und Erziehung zielt darauf, die Entwicklung der Ich-Identität und der Bezugsgruppen-Identität jedes Kindes zu unterstützen (Ziel 1). Bei der Identitätsentwicklung von Kindern spielt die Art und Weise, wie pädagogische Fachkräfte auf Eltern zugehen und mit ihnen kooperieren, eine wichtige Rolle. Dies soll im Folgenden näher erläutert werden:
Die Identität – also die Unverwechselbarkeit einer Person – umfasst zum einen die Ich-Identität als Wahrnehmung der eigenen individuellen Besonderheiten und das Bewusstsein von der eigenen Existenz: Ich lebe! Ein bestimmender Faktor für die als »Selbst« erlebte innere Einheit eines Menschen ist die soziale Identität, die Einbindung in soziale Gruppen und die Gesellschaft. Wir sprechen in diesem Zusammenhang von Bezugsgruppen-Identitäten.
Jeder Mensch formt die Vorstellung von sich selbst auch in und durch Bezugsgruppen, denen er oder sie angehört – selbst gewählten und zugeschriebenen. Die erste und wichtigste Bezugsgruppe für ein Kind ist seine Familie. Sein nahes Umfeld kann also viel dazu beitragen, dass das Kind ein positives Gefühl zu sich selbst entwickelt. Wird die Bezugsgruppe des Kindes gesellschaftlich jedoch nicht anerkannt oder diskriminiert, kann dies das Selbstbild des Kindes in schädigender Weise beeinflussen, denn es nimmt genau wahr, ob seine Eltern in einer Kindertagesstätte geachtet oder belächelt werden, ob die Erzieher_innen sie freudig begrüßen oder erleichtert sind, wenn sie die Kita verlassen haben.

Die Bezugsgruppen-Identität ist von der Ich-Identität nicht zu trennen: Das Kind nimmt im Verhalten der pädagogischen Fachkräfte gegenüber seinen Familienmitgliedern auch wahr, wie es selbst bewertet wird.

»Soziale Gegebenheiten können Vorstellungen von Kindern über ihre Familien, über andere und über sich selbst unterstützen oder ihnen schaden. Obgleich unsere sozialen Identitäten nicht ausschließlich über unser Glück oder unsere Erfolge im Leben bestimmen, können sie unseren Zugang zu Möglichkeiten und Ressourcen öffnen oder untergraben. Unsere sozialen Identitäten beeinflussen auch unsere Vorstellungen von unseren eigenen Fähigkeiten und Begrenzungen und tragen dazu bei, ob wir im Leben mehr oder weniger erfolgreich sind«, schreibt Louise Derman-Sparks.[9]

9 Derman-Sparks, Olson Edwards 2010, 1 (Übersetzung aus dem Englischen: Fachstelle Kinderwelten)

# Die Vielfalt der Familienkulturen wahrnehmen

Wenn pädagogische Fachkräfte die Kinder darin stärken wollen, ein positives Selbstbild von sich zu entwickeln, dann müssen sie deren Eltern wertschätzen und einbeziehen. Das klingt einleuchtend, ist jedoch nicht selbstverständlich.

## Familienkultur

Familienkultur verstehen wir als das jeweils einzigartige Mosaik aus Gewohnheiten, Deutungsmustern, Traditionen und Perspektiven einer Familie, in das auch ihre Erfahrungen mit Herkunft, Sprache(n), Behinderungen, Geschlecht, Religion, sexueller Orientierung, sozialer Klasse, mit Ortswechsel, Diskriminierung oder Privilegierung eingehen.[10]

Ein erster Schritt ist, die Vielfalt von Familienkulturen wahrzunehmen und ihnen Interesse entgegenzubringen: den Familienkonstellationen, Gewohnheiten, Wertvorstellungen, den Sprachen oder Dialekten der Familien, ihrem Glauben und ihren Überzeugungen.
Unsere Wahrnehmung ist jedoch eingeschränkt und selektiv; gesellschaftlich geprägte Vorstellungen beeinflussen sie. So greifen wir vorwiegend auf Differenzlinien und Bewertungen zurück, die im gesellschaftlichen Diskurs vorherrschen:

- Die Information, dass eine Familie am Morgen nicht gemeinsam frühstückt oder Mahlzeiten mit allen Familienmitgliedern nicht kennt, interpretieren wir unter Umständen als Hinweis auf mangelnde Alltagsstrukturierung oder sogar als eine Form von Verwahrlosung.
- Stellen Eltern, deren Kind eine Behinderung hat, bestimmte Fördermaßnahmen in Frage, mutmaßen wir unter Umständen, sie würden die Augen vor der Behinderung verschließen und diese Tatsache nicht akzeptieren.
- Sind in der Kita unterschiedliche Familienkulturen augenfällig, tendieren wir dazu, die Unterschiede in Bezug auf die ethnische Herkunft der Familien zu betonen. Unterscheiden wir »einheimische« Kinder von Kindern »mit Migrationshintergrund«, entgehen uns die vielfältigen sozio-kulturellen Besonderheiten in den von uns so konstruierten Gruppen.

10 Wagner 2014, 20

Ein Muster dieser gängigen Interpretationen ist die Entgegensetzung von »wir« und »die Anderen«. Die Unterschiede werden überdeutlich, die Deutungsmacht liegt auf der Seite der kulturellen Mehrheit, und sie bestimmt damit auch, was »normal« und »richtig« sei. Trotz aller Kritik wird dieses duale Bild sogar im fachlichen Diskurs über »Interkulturelle Ansätze« immer wieder reproduziert. Deshalb beschreiben wir an dieser Stelle, wie dieses Bild es erschwert, die tatsächlichen Eigenheiten von Familien wahrzunehmen:
Autor_innen räumen durchaus gelegentlich ein, dass Individuen nicht auf nationale Herkunft oder ethnische Zugehörigkeit reduziert werden können, und betonen die individuelle Entscheidung für oder gegen eine bestimmte Zugehörigkeit. So schreibt Schlösser: »Anders als in eindeutigen familiären Bezügen stellt ethnische Zugehörigkeit eine vage Gruppenbestimmung dar. Sie unterliegt in Bezug auf die Zugehörigkeitsgefühle unter Umständen einem starken Wandel.«[11] Es wird auch darauf hingewiesen, dass Menschen mit Migrationshintergrund keine homogene Gruppe darstellen[12] und Unterschiede hinsichtlich des sozio-ökonomischen Status, der Wertvorstellungen und Lebensstile bedeutungsvoller als die nationale Herkunft sein können.[13] Selbst wenn der Anspruch auf Differenziertheit bei vielen Autor_innen interkultureller Ansätze sichtbar wird, stellen wir mit Mecheril jedoch immer wieder eine »enge Koppelung von Migration und kultureller Differenz«[14] fest, die besonders deutlich wird, wenn Begriffe wie »das Fremde« und »das Eigene« oder »Eigenkultur« und »Fremdkultur« auftauchen.[15] Damit erzeugen diejenigen, die als Handlungssubjekte der kulturellen Mehrheit angehören, Gruppen von »Wir« und »Nicht-Wir«.[16]

Informationen darüber, woher eine Familie oder ihre Vorfahren eingewandert sind, können zum Verständnis einer Situation beitragen. Aber das entbindet uns nicht von der Notwendigkeit, aufmerksam für die besondere Situation einer Familie zu sein: »Kultur ist außerordentlich komplex, und Menschen derselben Kultur sind recht unterschiedlich, abhängig von ihrer Individualität, ihrer Familie, ihrem Geschlecht und Alter, ihrer Herkunft, ihren Fähigkeiten, ihrer Religion, ihrem sozio-ökonomischen Status, ihrem Lebens- und Herkunftsort, ihrer sexuellen Orientierung, ihrem Bildungsniveau, ihrer Körpergröße und Körperform! (...) Es gibt erkennbare kulturelle Unterschiede, die wahrgenommen und erforscht wurden, aber man

11 Schlösser 2004, 16
12 Hansen/Hess 2012, 75
13 Friedrich/Kerl-Wienecke 2014, 62
14 Mecheril 2013, 3
15 Hansen/Hess 2012, 79; Schlösser 2004, 18
16 Vgl. Mecheril 2013, 6. Weitere Ausführungen im Kapitel: Familienkulturen wertschätzen und Zuschreibungen vermeiden

BIENVENUE
Willkommen
ευπρόσδεκτος
Hoş geldiniz
خوش امدید
Välkomna
Vítám tě
Bienvenidos
CHÀO MỪNG BẠN
Добро пожаловать
Dobrodošli
benvenuto
WITAMY
bem-vindo
bine ați venit
Velkommen
أهلاً و سهلاً
WELCOME

kann Kultur nicht von all den unterschiedlichen Aspekten der Verschiedenheit trennen.«[17] Im Ansatz der Vorurteilsbewussten Bildung und Erziehung geht es darum, den Blick für Vielfaltsaspekte zu weiten und den Begriff »Familienkulturen« von einem Verständnis abzugrenzen, das Kultur als eine statische Kategorie begreift, die sich auf nationale Zugehörigkeit oder ethnischen Hintergrund bezieht.

## Eltern so akzeptieren, wie sie sind

Es gehört zur professionellen Arbeit der pädagogischen Fachkraft, Eltern so anzunehmen, wie sie sind. Diese grundlegende Akzeptanz kann zwar eine Herausforderung sein, ist aber für das Wohlbefinden der Kinder unverzichtbar. »Wenn Sie einfach Ihren eigenen Vorstellun-

17 Gonzales-Mena 2008, 5

gen darüber folgen, was gut und richtig für Kinder und ihre Familien ist, selbst wenn diese Vorstellungen das Ergebnis Ihrer Ausbildung sind, dann tun Sie den Kindern, deren Eltern Ihnen nicht zustimmen, keinen Gefallen.«[18]
Wir müssen davon ausgehen, dass wir anderen Menschen nicht immer vorbehaltlos gegenübertreten. Wir sind nie frei von Vorurteilen und nutzen sie, um die Fülle an Informationen, die unablässig auf uns einwirkt, in das System unserer Erfahrungen einzuordnen. Daher sprechen wir auch nicht von »vorurteilsfreier«, sondern von »vorurteilsbewusster« Bildung und Erziehung. Es geht darum, wach für unsere einseitigen Vorstellungen zu sein und dafür zu sorgen, dass sich unsere Vorurteile nicht verfestigen. Halten wir nämlich an unseren Bildern über von uns als anders wahrgenommene Menschen fest, tun wir diesen Menschen möglicherweise Unrecht und festigen ungewollt Mechanismen der Ausgrenzung.

Stoßen wir bei dem Anspruch, alle Eltern in ihren Besonderheiten zu akzeptieren, an unsere Grenzen, erfordert die konstruktive Kooperation mit den Eltern, eine innere Selbstklärung vorzunehmen, indem wir uns fragen:

- Welche Gefühle und Gedanken löst das Verhalten der Eltern bei mir aus?
- Welche meiner Wertvorstellungen sind erschüttert?
- Welche meiner Bedürfnisse sind nicht erfüllt?

Im nächsten Schritt versuchen wir, die Perspektive der Eltern einzunehmen und ihr Bezugssystem, ihre Gefühle und Wertvorstellungen zu verstehen:

- Was bedeutet die Situation für die Eltern?
- Welche Wertvorstellungen drücken sie aus?
- Welche ihrer Bedürfnisse sind nicht erfüllt?
- Was sind die »guten Gründe« für ihr Handeln?

Der einfühlende, vorbehaltlose Versuch, sich selbst und andere Menschen zu verstehen, ist die Basis dafür, sich in einen dialogischen Verständigungsprozess mit den Eltern zu begeben. Dennoch: »Wir müssen nicht alles wissen über die verschiedenen Kulturen der Kinder, mit denen wir arbeiten – wir können es auch nicht. Jede neue Situation erfordert Strategien, um Wissen und Kenntnisse zu erlangen und Handlungsweisen für diese Situation zu entwickeln. Die entscheidende Herausforderung ist, offen zu bleiben, um von den Familien zu lernen.«[19]

---

18 Gonzales-Mena 2008, 6
19 Derman-Sparks 2013, 3

Geht es darum, Unterschiede über Erziehungsvorstellungen oder -themen respektvoll zu besprechen, sind Erzieher_innen in ihrer professionellen Rolle ein Modell – auch für die Kinder. Gemeinsam mit den Eltern entwickeln sie eine Lösung und bleiben auch offen für Vorstellungen, die ihnen zunächst fremd erscheinen, denn es kommt nicht darauf an, die eigene Position durchzusetzen oder »Entweder-Oder-Lösungen« anzustreben, sondern gemeinsam

einen »dritten Raum« zu kreieren, in dem sich alle wiederfinden können. Derman-Sparks und Olsen Edwards betonen in diesem Zusammenhang: Wichtiger als die erreichte Lösung ist, »wie Sie reagieren und ob Sie Nichtübereinstimmung respektieren. Wenn Sie Differenzen als Chancen für alle Seiten sehen, dann werden Sie in der Lage sein, konstruktive Gespräche zu initiieren und Wege zu neuen gemeinsamen Vereinbarungen auf der Grundlage der unterschiedlichen Perspektiven finden«.[20]

»Das Dilemma besteht darin, sich für Veränderungen einzusetzen und Menschen dennoch so zu akzeptieren, wie sie sind.«[21] Das heißt nicht, alles hinzunehmen, was Eltern äußern und tun. Bei Herabwürdigungen, Abwertungen oder Diskriminierungen, die von Eltern ausgehen, müssen wir entschieden Position beziehen. Dafür eignen sich vielerlei Formen: Manchmal ist es angebracht, bei einer diskriminierenden Äußerung oder Handlung direkt einzugreifen. Manchmal ist es sinnvoller, ein Gespräch unter vier Augen zu suchen, einen Themen-Elternabend zu veranstalten oder längere Zeit gezielt an einem Thema zu arbeiten.

## Die Teilhabe von Eltern ermöglichen

In der Literatur zur Zusammenarbeit mit Eltern wird zu Recht immer wieder gefordert, Mütter und Väter zu beteiligen und ihnen einen Expert_innen-Status zuzuerkennen. Bei der Arbeit nach dem Ansatz der Vorurteilsbewussten Bildung und Erziehung legen wir ein Hauptaugenmerk darauf, inwiefern unser Denken und unsere Wahrnehmung durch Einseitigkeiten und Vorurteile erschwert werden und inwiefern unsere eigenen Vorannahmen und Vorurteile unser Kommunikationsverhalten steuern. Die Auseinandersetzung auf der persönlichen Ebene ist ein wichtiger Beitrag zur inklusiven Kooperation mit Eltern.
Ein wesentliches Merkmal der Vorurteilsbewussten Bildung und Erziehung ist der diskriminierungskritische Blick, der über die Behandlung des Themas auf der individuellen Ebene hinausgeht. Das erfordert, den gesellschaftlichen Kontext und die Eingebundenheit jedes Menschen in gesellschaftliche und globale Strukturen ebenfalls zu berücksichtigen.

Machtverhältnisse zwischen gesellschaftlichen Gruppen widerspiegeln sich auch in der Kindertageseinrichtung und mithin in der Beziehung zwischen Erzieher_innen und Eltern.

20 Derman-Sparks/Olsen Edwards 2010, 40
21 Gonzales Mena 2008, 24

Pädagogische Fachkräfte sind Teil einer Institution, die mit Macht ausgestattet ist. Hat eine Fachkraft zum Beispiel ein stereotypes Bild von einer Mutter, die Hartz-IV-Empfängerin ist, beeinflusst das die Kommunikation mit dieser Frau. Die eingeengte Wahrnehmung bewirkt möglicherweise, dass die Fachkraft die Mutter nicht als Persönlichkeit mit all dem Facettenreichtum sieht, mit dem Menschen ausgestattet sind, sondern sie als Teil einer Gruppe mit den dieser Gruppe zugeschriebenen defizitären Attributen betrachtet und die Kompetenzen der Mutter nicht erkennt.

Das Beispiel zeigt, dass die Kita Definitionsmacht hat: Auf die Zuschreibungen, die die Mutter erfährt, hat sie selbst wenig Einfluss. Ihre Möglichkeiten, sich mit ihren Kompetenzen einzubringen, sind begrenzt, wenn niemand sie danach fragt. Das trägt dazu bei, dass die Handlungsspielräume der Mutter in der Kita eingeengt sind.
Erkennbar wird, dass Vorurteile, die sich als Barrieren der Entfaltung von Potenzialen erweisen, nicht privater Natur sind. Es sind bestimmte gesellschaftliche Gruppen, die von Vorurteilen, Zuschreibungen und Diskriminierungen besonders betroffen sind – nämlich Menschen, die nicht den Normalitätsvorstellungen der gesellschaftlichen Mehrheit entsprechen. Berücksichtigen wir die gesellschaftlichen Strukturen bei der Analyse der Beziehungen zwischen pädagogischen Fachkräften und Eltern, hilft uns das, Vorstellungen, Werte und Verhaltensweisen zu verstehen, die eigenen und die unseres Gegenübers.

Die Kindertagesstätte als Bildungsinstitution orientiert sich an bürgerlichen Bildungsvorstellungen und vertritt spezifische Werte und Anforderungen der Mehrheitsgesellschaft. Auf der Seite der pädagogischen Fachkräfte als Repräsentant_innen dieser Institution kann es zu »lebensweltlicher Distanz und Unverständnis gegenüber Eltern und Familien in Armut und Benachteiligung« kommen, »wenn sie deren Lebenswirklichkeit, Wertvorstellungen und Handlungsweisen nur durch eine mittelschichtsgeprägte Brille wahrnehmen. (...) Sie laufen dann Gefahr, von Eltern zu erwarten, sich ihren Wertorientierungen und Handlungsmustern anzupassen...«[22]
Eltern und Familien in Armut und Benachteiligung bauen ihrerseits Distanz zu pädagogischen Fachkräften auf und begegnen »dieser Welt und ihrer Kultur, an der sie nicht selten gescheitert sind, (...) mit Misstrauen«.[23] Louise Derman-Sparks betont daher die Wichtig-

---

22 Weiß 2012, 66
23 Ebd.

keit eines »wachsendes Bewusstseins dafür, dass unsere kulturellen Vorstellungen in unsere pädagogischen Konzepte eingebettet sind und dass sie nicht unbedingt mit allen Vorstellungen und Verhaltensweisen in der Erziehung zusammenpassen«.[24] Sie plädiert dafür, Fragen zu stellen: an sich selbst, um die eigenen Selbstverständlichkeiten zu verstehen und in den gesellschaftlichen Kontext einordnen zu können, und an die Familien, um etwas über ihre Vorstellungen, Werte und Alltagspraktiken zu erfahren.[25]

Wir müssen uns jedoch bewusst sein, dass es in Verhältnissen, die von »Machtasymmetrien und Hierarchien, Privilegien und Status, Dominanzkultur und Marginalisierung« geprägt sind, kein leichtes Nachfragen gibt.[26] Bezugnehmend auf Cummins[27], betont Petra Wagner, dass die Interaktionen zwischen pädagogischen Fachkräften und Familien »auf Einbezug, Förderung und auf Transformation ungerechter Verhältnisse aus« sein müssen.[28] Deshalb sehen wir es als Aufgabe der Bildungseinrichtung Kindertagesstätte, Räume zu schaffen, in denen die Auseinandersetzung über Vorstellungen und Verhältnisse von Ungleichheit stattfinden kann.

24 Derman-Sparks 2013, 8. Mehr zum Konzept Culturally Responsive Care von Louise Derman-Sparks im Kapitel: 5 Wenn Kitakultur und Familienkulturen in Konflikt geraten
25 Ebd.
26 Ebd.
27 Wagner 2013a, 255
28 Wagner ebd.

# Eltern in die vorurteilsbewusste Arbeit einbeziehen

Damit Eltern ihre Kinder in der Identitätsentwicklung unterstützen können, ist es hilfreich, dass sie Informationen und Anregungen bekommen. Die pädagogischen Fachkräfte informieren sie zum Beispiel darüber, wie sie Interessen und Bedürfnisse ihrer Kinder wahrnehmen können und welche Bedeutung es für das Selbstwertgefühl der Kinder hat, positive Resonanz von den Erwachsenen zu erhalten.

Für die Bildungsprozesse der Kinder ist es förderlich, Erfahrungen mit Menschen zu machen, die sich von ihnen unterscheiden, und sich mit Unterschieden wohlzufühlen (Ziel 2 Vorurteilsbewusster Bildung und Erziehung). Erwachsene – Erzieher_innen wie Eltern – können die Kinder dabei unterstützen, indem sie Unterschiede als Lernchancen begrüßen und so als Vorbilder wirken.

Die Arbeit nach dem Ansatz der Vorurteilsbewussten Bildung und Erziehung ermöglicht es Kindern, sich im Laufe ihrer Entwicklung eine kritische Haltung zu Vorurteilen und Diskriminierung anzueignen und sich gegen Ausgrenzung und Diskriminierung zur Wehr zu setzen (Ziele 3 und 4 Vorurteilsbewusster Bildung und Erziehung). Damit Eltern ihre Kinder dabei unterstützen können, brauchen sie Erzieher_innen, die ihnen ihre fachlichen Erkenntnisse über den Einfluss von Einseitigkeiten und Diskriminierungen zur Verfügung stellen und sich mit ihnen über Fragen von Ungerechtigkeit und Diskriminierung auseinandersetzen.

Erzieher_innen und Eltern teilen sich die Verantwortung für entwicklungsfördernde Bedingungen der Kinder. Ob die Bedeutung der Rolle von Eltern in der Beziehung zu ihren Kindern anerkannt wird, das zeigt sich in den Möglichkeiten der Eltern, sich an den Prozessen in der Kita zu beteiligen und auf ihre Weise Anteil am Geschehen im Kita-Alltag zu nehmen. Sie müssen sich darauf verlassen können, dass sie so wahr- und ernstgenommen werden, wie sie sind, und nicht ausgegrenzt werden, wenn sie nicht zur Gruppe der Mehrheit gehören. Die in den folgenden Kapiteln enthaltenen Praxisberichte laden dazu ein, an den Erfahrungen von pädagogischen Fachkräften teilzuhaben und nachzuvollziehen, was es in konkreten Situationen bedeutet, sich auf den Weg zu einer inklusiven Zusammenarbeit mit Eltern zu machen.

# 1. Interessiert auf Eltern zugehen

Während Kinder und Erzieher_innen den Tag miteinander verbringen, scheinen die Eltern im Hintergrund zu stehen, doch sie sind als erste Bezugsgruppe der Kinder immer präsent und die wichtigsten Kooperationspartner_innen der pädagogischen Fachkräfte.
Ob die Eltern sich als Teil der Kita begreifen, wie sehr sie sich zugehörig und anerkannt fühlen können, wirkt sich auf das Wohlbefinden der Kinder aus, deren Selbstwertgefühl auch davon abhängt, wie ihre Familien geschätzt werden.

Die pädagogischen Fachkräfte haben die Aufgabe, dafür zu sorgen, dass Eltern sich in die Kita einbringen, sie mitgestalten und Einfluss ausüben können. Dazu bringen die Eltern unterschiedliche Voraussetzungen mit, die von ihrem Status und ihrem Zugang zu den Ressourcen in unserer Gesellschaft abhängen. Familien, die nicht den Normalitätsvorstellungen der Mehrheitsgesellschaft entsprechen, haben es ungleich schwerer, sich in eine Institution wie die Kita einzubringen, als Familien, die den in der Kita gelebten Vorstellungen von Bildung, Werten und Alltagspraktiken nahe stehen. Werden diese unterschiedlichen Möglichkeiten nicht wahrgenommen und berücksichtigt, können sich gesellschaftliche Ungleichverhältnisse auch in der Kita festigen. Erzieher_innen, die sich dafür einsetzen, dass die ihnen anvertrauten Kinder ihre Potenziale entfalten können, kommen nicht umhin, sich mit der sozialen Ungleichheit in unserer Gesellschaft auseinanderzusetzen, die auch vor Kita-Türen nicht haltmacht.

Den pädagogischen Fachkräften obliegt es, den ersten Schritt zu tun und auf die Eltern zuzugehen. Sie sind sich nicht nur der Vielfalt von Familien bewusst, sondern können dafür sorgen, dass potenzielle Barrieren von Teilhabe gar nicht erst entstehen. Dies zeigen die folgenden Praxisbeispiele.
Das erste Beispiel basiert auf der Erfahrung, dass es bisweilen Schwierigkeiten in der sprachlichen Verständigung zwischen Erzieher_innen und Eltern gibt. Für die Eingewöhnung der Krippenkinder ist es wichtig, die Eltern gut über die Abläufe zu informieren, damit Vertrauen wachsen kann. Neben der mündlichen Einführung bekommen sie auch schriftliches Material zur Orientierung.

# Julika London: Bildertafeln zur Eingewöhnung

Die Erzieherin und stellvertretende Leiterin der Kita Brittendorfer Weg in Berlin, Julika London, machte sich Gedanken, wie die wichtigsten Kita-Informationen allen Eltern vermittelt werden können. Sie berichtet:

Zu Beginn der Kitazeit sind viele Eltern noch unsicher, weil sie sich in eine für sie neue Situation begeben. Es ist in der Regel das erste Mal, dass ihre Kinder außer Haus betreut werden.

In der Eingewöhnung geht es darum, dass ein Kind die zuständige pädagogische Fachkraft als weitere Bezugsperson annimmt. Das ist gelungen, wenn der Kontakt aufgebaut ist, das Kind die Trennung von den Eltern aushält und sich trösten lässt.

Für die behutsame Eingewöhnung jedes einzelnen Kindes ist der enge Kontakt zu seinen Eltern unabdingbar. Um eine für alle Eltern verständliche Darstellung der Eingewöhnung zur Verfügung zu stellen, habe ich Bilder gestaltet. Damit versuche ich, den Eltern den Ablauf der Eingewöhnung und ihre Aufgaben dabei zu verdeutlichen.

Die Bilder informieren über den zeitlichen Ablauf: Die Eingewöhnung beginnt morgens um 9.00 Uhr, also nach dem Frühstück, damit wir uns voll und ganz auf das Kind konzentrieren können. Zunächst begleiten die Eltern das Kind. Nach einiger Zeit, die wir mit ihnen

abstimmen, verlassen sie erst für 15 Minuten, dann für 30 Minuten und schließlich für eine Stunde den Raum. Sie verabschieden sich von ihrem Kind und begrüßen es, wenn sie zurückkehren, damit es versteht: Mama oder Papa kommen immer wieder.
Um dem Kind zu ermöglichen, leichter loszulassen, sollten die Eltern ihm das Gefühl vermitteln: Das ist okay so.
Auf jedem Bild sieht man den gleichen Raum, damit die Eltern erkennen: Die Eingewöhnung findet in ein und demselben Raum statt. Gerade bei kleineren Kindern ist Verlässlichkeit, den Raum und die Bezugserzieherin betreffend, wichtig, um Vertrauen aufzubauen und Sicherheit zu vermitteln.
Wir gestalten aus einer Bildfolge ein Buch, das wir den Eltern beim Aufnahmegespräch zeigen. Jederzeit können sie hineinschauen oder es ausleihen. Allen Eltern, die in unsere Kita kommen, stellen wir es zur Verfügung, denn wir sehen ihnen ja nicht an, welche Sprachkenntnisse sie haben oder wie gut sie Texte lesen können. Das tun wir, weil wir vermeiden möchten, dass sie sich »offenbaren« müssen.
Außerdem kann das Buch auch Eltern, die mit der deutschen Schriftsprache vertraut sind, nützlich sein, denn die Bildsprache wendet sich an den visuellen Sinn. Manche Menschen merken sich Bilder besser als Wörter oder finden bildliche Darstellungen ansprechender. Auch aus diesem Grund dokumentieren wir jeden Tag mit Fotos und schreiben kurz dazu, was wir gemacht haben. So sehen die Eltern auf einen Blick, womit sich ihre Kinder an diesem Tag beschäftigt haben. Diesbezüglich erhalten wir positive Rückmeldungen von den Familien.
Jetzt planen wir, aus den Bildern ein Eingewöhnungsbuch zusammenzustellen, das wir in einer kleinen Auflage drucken lassen. Es wird seinen Platz in den Gruppenräumen finden, so dass die Kinder es sich anschauen und sich an vergangene Kita-Erlebnisse erinnern können.

# Ulla Lindemann: Mütter nähen Persona Dolls©

Als die Pädagog_innen der Kita »Regenbogen« in Jena eine Arbeitsgruppe von Eltern ins Leben riefen, verließen sie sich nicht darauf, dass Interessierte sich von selbst melden würden. Sie hatten nämlich gemerkt, dass Eltern aus sozial benachteiligten Verhältnissen oder mit Migrationshintergrund zurückhaltend waren, und fragten sich, ob diese Eltern sich der Kita zugehörig fühlen. Um Klarheit zu schaffen, gingen sie auf die Eltern zu, sprachen sie an und luden sie ein, sich an der Arbeitsgruppe zu beteiligen. Mit dieser umsichtigen Handlungsweise schufen die Erzieher_innen einen Raum, in dem Eltern gemeinsam Erfahrungen machten, indem sie zusammen etwas für die Kinder Nützliches produzierten und sich dabei näher kamen. Die beiden Kitaleiterinnen und zwei Erzieherinnen berichten, wie sie mit den Müttern Persona Dolls[29] herstellten:

29 Im Band 4 dieser Reihe »Die Zusammenarbeit im Team vorurteilsbewusst gestalten« wird im Kapitel 8 über die Teamentwicklung mit den Persona Dolls berichtet.

In unserer Kita sollten alle Erzieherinnen in die Lage versetzt werden, die Methode der Persona Dolls anzuwenden, und jede Gruppe sollte eine Puppe mit einer eigenen Geschichte haben. Da kamen wir auf die Idee, Persona Dolls mit den Eltern herzustellen. Also versuchten wir, in jeder Gruppe Eltern zu finden, die Lust zum Mitmachen hatten. Das gelang, und selbst eine Großmutter war dabei, die viel Erfahrung mit dem Herstellen von Puppen hatte.

!

## Persona Dolls©

sind Puppen mit Persönlichkeit: Sie haben einen Namen, eine Familie, ein Zuhause und sprechen bestimmte Sprachen. Manches essen sie gern, manches nicht, und sie haben ein Lieblingsgericht. Manches machen sie gern, manches kriegen sie nicht gut hin. Sie sind etwa 80 Zentimeter groß und haben – genau wie die Kinder, die in Deutschland aufwachsen – unterschiedliche Haut-, Haar- oder Augenfarben und Körperformen. Manche benutzen ihre Beine, manche einen Rollstuhl oder eine Gehhilfe, um sich zu bewegen. Sie leben in Familien, die genauso vielfältig sind wie die Familien der Kinder in den Kindertageseinrichtungen oder Grundschulen: Manche Persona Dolls wachsen mit einem Vater und einer Mutter auf, manche mit zwei Müttern oder zwei Vätern, und manche leben bei alleinerziehenden Eltern, in Adoptiv- oder Pflegefamilien. Sie kommen zu Besuch, erzählen in der Kita von sich und ihren Erlebnissen, und sie laden die Kinder ein, über ihre Erfahrungen und Gedanken zu sprechen. Kurz: Persona Dolls repräsentieren die Vielfalt der Lebenswirklichkeiten von Kindern und bringen Kinder damit in Kontakt.
Die Arbeit mit Persona Dolls ist eine Methode im Ansatz Vorurteilsbewusster Bildung und Erziehung. Sie ist ein Beitrag zur vorurteilsbewussten Interaktion mit Kindern in Bezug auf Unterschiede, Ungerechtigkeit und Ausgrenzung.[30]

Gezielt hatten wir Eltern aus sozial benachteiligten Familien oder mit Migrationshintergrund angesprochen, die sonst sehr zurückhaltend waren. Bei ihnen wussten wir nicht so richtig: Fühlen sie sich in der Kita wohl, fühlen sie sich zugehörig?
Von Anfang an machten wir positive Erfahrungen damit, diese Eltern – genau genommen Mütter – in die Elterngruppe geholt zu haben, denn die sonst eher einzeln auftretenden Mütter waren nun vereint. Wir waren froh, dass sie endlich eine Möglichkeit hatten, sich beteiligen zu können. Beim Nähen und Gestalten verbrachten wir gemeinsam viele Stunden, und es zeigte sich, dass wir dabei besser ins Gespräch kamen. Mütter, die es in der Kita

30 Vgl. Azun u. a. 2009

kaum wagten, sich zu äußern, fühlten sich so sicher, dass sie viel erzählten: von sich, von ihren Migrationserlebnissen und davon, warum und wie sie nach Deutschland gekommen waren. Sie spürten, dass sie angenommen, aufgehoben und wertgeschätzt sind. Auch wir Pädagoginnen fühlten uns in dieser Runde wohl und waren dankbar, dass die Mütter uns so viel Hilfsbereitschaft entgegenbrachten.
Nach einem halben Jahr hatten wir viele unterschiedlich aussehende Persona Dolls hergestellt, so dass in jeder Gruppe mit ihnen gearbeitet werden kann. Als die Arbeit abgeschlossen war, hatten wir ein neues Verhältnis zu den Eltern und damit eine tragfähige Grundlage, um weitere Themen und Vorhaben gemeinsam angehen zu können.

# Sabine Buhk und Anke Krause: Der Geschenke-Abend

Auch im folgenden Beispiel war die Sorge der Erzieher_innen, dass eine Familie außen vor bleiben könnte, ausschlaggebend für eine gemeinsame Aktivität. Die Mutter eines Kindes, das sich besonders schwer eingewöhnen konnte, wurde eingeladen, sich mit den anderen neuen Eltern an der Herstellung eines Geschenks für die Kinder zu beteiligen.

Die Idee, dass Eltern Geschenke für ihre Kinder basteln, entstand in der Eingewöhnungszeit am Anfang des Kindergartenjahrs. Ein Kind mit Behinderung, neu in der Kita, war oft traurig und konnte sich nur schwer eingewöhnen. Seine Mutter, Frau Akram, machte sich Sorgen, ob ihr Kind in der Kita wirklich gut aufgehoben sei. Für beide war es nicht leicht. Weinte das Kind, sagte die Mutter immer wieder: »Ich kann doch jetzt nicht gehen...«

Im Gespräch mit Frau Akram fiel den Kolleginnen auf, dass die Mutter kaum wusste, was in der Kita passiert und wie sie Anteil nehmen könnte. Die Familie war erst seit kurzer Zeit in Deutschland und hatte viel Neues zu bewältigen. Doch selbst Eltern, die in Deutschland aufgewachsen sind, ist nicht immer klar, wie der Kita-Alltag abläuft und wie sie sich einbringen können, wenn sie das wollen. Um allen neuen Eltern das Leben in der Kita näher zu bringen, planten wir eine gemeinsame Aktion, die es ermöglichen sollte, dass wir uns in entspannter Atmosphäre, also ohne den Zeitdruck des Bringens oder Abholens, begegnen und miteinander ins Gespräch kommen. Wir hofften, dass Eltern und Erzieher_innen dabei mehr Sicherheit im Umgang miteinander gewinnen und die Eltern Zugang zum Team finden. Das würde vielleicht auch Frau Akram helfen, den Menschen näherzukommen, denen sie ihr Kind anvertraut hatte. Etwas zusammen tun – das sollte im Vordergrund stehen, denn in einer solchen Situation lässt es sich viel ungezwungener über die Kinder und darüber sprechen, was sie machen oder wie es ihnen geht. Klar war, dass dieser gemeinsame Abend mit Eltern anders sein sollte als die üblichen Zusammenkünfte: Die Eltern sollten für ihre Kinder etwas herstellen, ein Geschenk. Es sollte ein Produkt zum Spielen sein, jeweils verschieden dekoriert. Was würde wohl alle Kinder – Jungen und Mädchen – ansprechen? Vielleicht Umhänge, mit denen man sich beim Fasching oder in Rollenspielen verwandeln kann: in eine Prinzessin oder eine feine Dame, in einen Piraten, in Batman oder Spiderman...

Aus der Waldorf-Pädagogik übernahmen wir die Idee, Stoffbahnen an einer Seite umzunähen und eine Schlaufe durchzuziehen, so dass die Kinder sie umhängen und mit ihnen alle möglichen Spielideen verwirklichen können. Eine Kollegin kaufte Stoffballen in unterschiedlichen Farben.

Zunächst sprachen wir die Mütter an: »Wer hat eine Nähmaschine zu Hause?« Es waren dann auch Großmütter, die ihre Nähmaschinen für diesen Abend zur Verfügung stellten. So kamen wir – bei 60 Familien in der Kita – auf sechs Nähmaschinen. Dann fragten wir: »Wer kann damit nähen?« Wir wussten, dass Frau Akram Schneiderin ist, und baten sie um Hilfe.

Die Kita wurde für den Abend zur Werkstatt umfunktioniert, mit mehreren Bereichen: In einem Bereich wurden die Stoffe zugeschnitten, in einem anderen wurden die Umhänge dekoriert, in einem weiteren wurde genäht, und Kordeln wurden gedreht. Schließlich gab es noch einen Bereich mit Verpackungsmaterial und Schildchen, um die fertigen Umhänge, versehen mit Namensanhängern, schön einzupacken. Natürlich gab es auch eine Ecke mit einem kleinen Buffet.

All diese Stationen erforderten Kommunikation – Wo ist was? Wie mache ich das? Können Sie mir helfen? – und boten die Möglichkeit, beim Tee ins Gespräch zu kommen. Außerdem musste man sich zum Beispiel bei der Herstellung der Kordeln verbünden, denn das geht nur zu zweit. Auch dabei entstanden Dialoge, und irgendwann waren alle miteinander im Kontakt. Frau Akram zeigte den Eltern, die um Unterstützung baten, wie das Abketteln und Nähen der Schlaufe zu bewerkstelligen ist. Bereits an diesem Abend fühlte sie sich zunehmend wohler und entspannter.

Leider gab es Familien, die an dem Abend keine Zeit hatten. Ihnen bot eine Kollegin aus der Kita an, an einem Vormittag zusammen mit ihnen Umhänge für ihre Kinder zu nähen. Für diejenigen, die auch diesen Termin nicht wahrnehmen konnten, sprangen wir ein, damit jedes Kind ein Geschenk bekommen konnte.

Bereits am Tag nach dem Elternabend fiel uns eine Veränderung bei Frau Akrams Kind auf: Es war fröhlich und blieb ruhig, selbst als die Mutter sich von ihm verabschiedete. Wir staunten, denn damit hatten wir nicht gerechnet. Auch Frau Akram war viel entspannter in der bisher so nervenaufreibenden Situation des Abschieds.

Das gemeinsame Tun gab immer wieder Anlass zu kurzen Gesprächen der Kolleginnen mit Frau Akram und der Eltern miteinander, die zuvor wenig Notiz voneinander genommen hatten. Es war eine Verbindung entstanden, die bestehen blieb und sich festigte.

Die Kinder freuten sich über die Geschenke. Stolz zeigten sie einander die vielen kleinen Details, mit denen ihre Eltern die Umhänge dekoriert hatten.

Heute gehört der Geschenke-Abend zur Kitakultur. Natürlich gibt es nicht immer einen Umhang. Mit den Eltern schauen wir jedes Jahr, was die Kinder besonders interessiert oder beschäftigt – in der Kita und zu Hause –, planen entsprechende Aktivitäten und sorgen so dafür, dass eine Geschenk-Idee Wirklichkeit werden kann, mit der die Kinder nicht nur kurze Zeit Spaß haben. Im letzten Jahr hatten die Eltern Traumfänger gebaut. Im Jahr davor hatten sie Kuschel-Kissen genäht, die zwischen Kita und Zuhause hin und her wanderten. Und ein Vater, der Tischler ist, zeigte den anderen Eltern und dem Team, wie man Steckenpferde baut, die man verschenken kann.

Fazit: Alle Kinder bekommen ein Geschenk, und jedes Geschenk ist einzigartig. Die Tatsache, dass die Eltern das Geschenk für ihre Kinder angefertigt haben, steht im Vordergrund und nicht das Vergleichen oder Bewerten. Das verbindet auch die Kinder miteinander und lässt neue Kontakte entstehen.

Für die Eltern ist der Geschenke-Abend eine Art Türöffner, der informelle Gespräche und Kontakte ermöglicht. Dabei entsteht Vertrauen, und die Eltern fühlen sich schließlich sicher genug, um nachzufragen, wenn etwas im Kita-Alltag unverständlich ist oder nicht nachvollziehbar erscheint. Das ist besonders wichtig, wenn die Familien unterschiedliche Familiensprachen oder -kulturen und verschiedene Herkunftskulturen haben, was es erschwert, in Verbindung zu kommen. Hinzu kommen Vorannahmen über die jeweils anderen, die Kontakte verhindern: Einige Eltern befürchten, ihr Deutsch sei nicht gut genug, und schweigen. Manche vermuten, dass andere Eltern kein Deutsch verstehen, und sprechen sie deshalb nicht an. Manche wissen nicht, was sie überhaupt mit anderen Eltern verbinden könnte. Solche Vorannahmen verschwinden beim gemeinsamen Tun, und es fällt leichter, einander anzusprechen.

Natürlich braucht es mehr als ein Ritual, um Transparenz und Offenheit zu schaffen, doch für unser Team war der Geschenke-Abend ein guter Start.

## Reflexionsfragen

- Suchen wir gezielt die Verständigung mit Familien, die sich bisher wenig einbringen? (1.8.8.)
- Überprüfen wir regelmäßig, ob wirklich alle Eltern gleichermaßen Zugang zu den Beteiligungsmöglichkeiten in der Kita haben? (1.10.6.)
- Arbeiten wir im Team daran, einen positiven Blick auf die Kinder, Eltern und uns selbst zu entwickeln? (1.11.7.)
- Machen wir Eltern deutlich, dass wir uns für ihre Familienkulturen interessieren, um den Kindern etwas Vertrautes von zuhause anbieten zu können, das ihnen Sicherheit für neue Lernerfahrungen gibt? (1.8.1.)
- Informieren wir Eltern darüber, wie Kinder ein starkes Bild von sich selbst entwickeln und wie wichtig die Identifikation mit ihrer Familie als erste Bezugsgruppe ist? (1.9.2.)

# 2. Alle Eltern zu Wort kommen lassen

Für die Stärkung der Identität von Kindern ist es wichtig, dass auch ihre Eltern sich in der Kindertageseinrichtung wohlfühlen. Zu deren Wohlbefinden tragen die Zusicherung von Zugehörigkeit und die Einladung zu Beteiligung bei.

Damit Eltern zu Wort kommen können, brauchen sie die klare Botschaft, dass ihre Äußerungen willkommen sind. Wie können wir ihnen dies verdeutlichen? Zum Beispiel mit Fragen. Bei näherer Betrachtung erweist sich allerdings, dass die Strategie des kommunikativen Fragens anspruchsvoll ist.

Zu den für Gespräche favorisierten Fragetechniken gehören »offene Fragen«, die meist mit einem W-Fragewort eingeleitet werden: Wie, warum, wo, wer, wann, welche... »Geschlossene Fragen«, die mit einem kurzen Ja oder Nein beantwortet werden, ermöglichen kein Gespräch. Darüber hinaus verbirgt sich in ihnen eine Machtkonstellation, da die Antwort bereits in der Frage angelegt ist und der fragende Mensch den Austausch steuert oder Deutungen vorgibt. Nicht von ungefähr dienen »geschlossene« und »vorauswissende Fragen« häufig der Kontrolle und Bewertung, zum Beispiel im Schulunterricht. Dem gegenüber stehen »wissenssuchende Fragen«, deren Antworten nicht bereits feststehen, weil der fragende Mensch wirklich etwas wissen will.

## Vorauswissende Fragen versus wissenssuchende Fragen:

### Pippi Langstrumpf geht in die Schule

»Du bist ja ein großes Mädchen und kannst sicher schon eine ganze Menge. Wir wollen mit Rechnen anfangen. Na, Pippi, kannst du mir sagen wie viel 7 und 5 ist?«

Pippi sah die Lehrerin erstaunt und ärgerlich an. Dann sagte sie: »Ja, wenn du das nicht selbst weißt, denk ich nicht, dass ich es dir sage.«

Alle Kinder starten Pippi entsetzt an. Und die Lehrerin erklärte ihr, dass man in der Schule solche Antworten nicht geben dürfe. (...) »Und jetzt will ich es dir sagen: 7 und 5 sind 12.«

»Sieh mal an«, sagte Pippi, »du wusstest es ja. Warum fragst du dann?« [31]

Fragen sind also nicht gleich Fragen. Da sie auch der Kontrolle oder Bewertung dienen, können sich in Interaktionssituationen Machtunterschiede zwischen Menschen herstellen und festigen. Genau genommen beeinflussen gesellschaftliche Machtverhältnisse jede Interaktion, und insofern gibt es keine »neutralen« Gesprächssituationen.

In öffentlich verantworteten Einrichtungen wie Kitas betrifft dies Gesprächssituationen zwischen Erwachsenen und Kindern, aber auch zwischen Erzieher_innen und Eltern. Werden sie auf Machtunterschiede hin untersucht, ergeben sich Hinweise, was Eltern daran hindern kann, tatsächlich zu Wort zu kommen.

Die Machtunterschiede zwischen Erzieher_innen und Eltern sind facettenreich: Manche Eltern haben einen höheren sozialen Status oder Bildungsgrad als die Erzieher_innen, was letztere einschüchtern kann. Erzieher_innen wiederum haben – verglichen mit manchen Eltern – Vorteile, was Arbeitsplatzsicherheit, Einkommen und Bildungsstand angeht. Es kann sein, dass Eltern sich ihnen deshalb unterlegen fühlen.

In jedem Fall geben Erzieher_innen als Vertreter_innen der Kita die einrichtungsbezogenen Regeln und Normen vor. Sie tun dies auch mittels Fragen, die sie Eltern stellen.

Die Frage »Warum bringen Sie Ihr Kind nicht pünktlich in die Kita?« transportiert die Vorstellung der Erzieher_in über angemessenes Eltern-Verhalten und enthält einen Vorwurf, weil die Eltern dieser Vorstellung nicht folgen. Es handelt sich also um eine Pseudofrage: Die Absicht ist, Missbilligung zum Ausdruck zu bringen, und dies wird in eine Frage verpackt, die die Eltern beschämt und nötigt, sich zu rechtfertigen. Ein Gespräch über ihre wahren Gründe kommt eher nicht zustande.

Manche Fragen an Eltern enthalten Bedeutungsinhalte, die eine Beantwortung riskant machen könnten. Die Frage »Welche Sprache sprechen Sie zu Hause?« kann für mehrsprachige Eltern wie eine Kontrollfrage wirken, mit der überprüft werden soll, ob sie genügend Wert auf die deutsche Sprache legen. Sie verstehen diese Frage wahrscheinlich so, weil sie immer wieder erleben, dass ihr »Integrationswille« mit ihren Deutschkenntnissen verknüpft wird und dass sie nur als »gute« Eltern gelten, wenn sie ihre Kinder zur Anpassung an die deutsche Gesellschaft und Sprache drängen. Bei der Beantwortung wägen sie mögliche Nachteile deshalb rasch ab und gehen davon aus, dass die Fragenden den Alltag mehrsprachiger Familien nicht kennen oder nicht verstehen. Dies entnehmen sie der Fragestellung, die auf nur eine Sprache zielt.

Geben Erzieher_innen als Autoritäten in pädagogischen Angelegenheiten zu verstehen, dass sich Kinder nur gut entwickeln können, wenn sie sich in einer und nicht in mehreren Sprachen

31 Lindgren 1987, 48

verständigen, dann ist es für Eltern riskant, ihren mehrsprachigen Alltag offenzulegen. Deshalb antworten sie strategisch, denn sie wollen gut dastehen und vermeiden, dass ihren Kindern Nachteile erwachsen.[32] Ein offener Austausch über ihre Mehrsprachigkeit ist eher unwahrscheinlich, selbst wenn die Erzieher_innen die Absicht hatten, darüber ins Gespräch zu kommen.

All das zeigt, dass Dominanzverhältnisse und Diskriminierungserfahrungen in Gesprächen mit Eltern eine Rolle spielen. Dies zu berücksichtigen hilft zwar, die Kommunikation so zu gestalten, dass sie Eltern zur Mitsprache und Beteiligung einlädt, setzt aber voraus, um mögliche Diskriminierungserfahrungen der Eltern in Zusammenhang mit dem Thema »Sprache(n)« zu wissen und deutlich zu machen, dass Mehrsprachigkeit positiv bewertet wird und in der Kita sichtbar werden soll. Nur deshalb wird nach den sprachlichen Gewohnheiten der Familien gefragt.

Fragen, die bei den Erfahrungen der Eltern ansetzen, ohne sie zu bewerten, ermutigen Mütter und Väter, sich zu äußern. Schließlich sind sie Expert_innen dieses subjektiven Ausschnitts ihrer Wirklichkeit. Fragen nach ihren Erfahrungen geben ihnen Raum, etwas von sich zu zeigen, und helfen anderen Menschen, sie kennenzulernen. Das folgende Beispiel zeigt, wie dies gelingen kann.

32 Vgl. Wagner 2013a, 256

# Ilka Wagner und Ulla Lindemann: Eine Reise in die Kindheit

In der Europa-Kita des VAK e. V. in Berlin beschäftigen sich die Fünf- bis Sechsjährigen im Rahmen von Early Literacy mit Büchern und Schriften, lesen und erzählen. Dabei werden auch Eltern einbezogen und angeregt, in der Kita und zu Hause vorzulesen. Um den Kindern das Erzählen zu erleichtern, gibt es eine Bücherkiste. Sie enthält kleine Figuren und Gegenstände, die an Geschichten aus ihren Lieblingsbüchern erinnern.[33] Die Erzieherin Ilka Wagner berichtet:

Da die Eltern unser Thema »Bücher und Geschichten« kannten und wussten, dass es uns auf einen interessanten Austausch ankommt, folgten viele unserer Einladung zum Elternabend »Lesen, Bücher, Geschichten«. So konnten wir drei Gruppen bilden: Zwei verständigten sich in türkischer und eine in deutscher Sprache.

Wir wollten allen Eltern ermöglichen, sich am Austausch zu beteiligen, und vermeiden, dass vor allem die Eltern sich äußern, die zu Hause viele Bücher haben und denen Lesen ein selbstverständliches Vergnügen ist. Mütter und Väter, die nicht in die Bücherei gehen, selten oder nie Bücher kaufen, sollten ihre Erfahrungen auch einbringen können, und niemand sollte beschämt werden.

Weil wir sicher waren, dass alle Eltern etwas über ihre Kindheit berichten können, baten wir sie zu erzählen, welche Erfahrungen sie als Kinder mit Geschichten und Büchern hatten.

Zu Beginn fragten wir:

- Wurden euch Bücher vorgelesen?
- Wurden euch Geschichten erzählt?
- Wer machte das?
- Habt ihr selbst gelesen?
- Welche Bedeutung hatten Bücher für euch?

In der Runde sprachen wir auch von uns, und so entstand ein lebendiger, persönlicher Austausch über Kindheitserfahrungen. Unter anderem erzählten die Eltern:

---

33 Early-Literacy-Aktivitäten dieser Kita werden im Band 2 dieser Reihe »Die Lernumgebung vorurteilsbewusst gestalten« beschrieben (Kapitel 5: »Das ist mein Lieblingsbuch«).

»Wir hatten nur wenige Bücher, und die waren sehr kostbar.«
»Meine Eltern waren Analphabeten. Bücher hatten wir nicht. Aber die Erwachsenen erzählten uns Geschichten und Märchen.«
»Als Kinder wussten wir, dass die Schule und Bücher wichtig sind, um etwas zu erreichen.«
»Ich bekam in meiner Kindheit Petzi-Bücher zum Lesen und habe sie für mein Kind aufgehoben.«
»Für uns waren die älteren Kinder Vorbilder. Wenn die Bücher lasen, dann wollten wir das auch.«
»Ich wollte unbedingt lesen können, um die Briefe meiner Eltern aus Deutschland selbst zu lesen.«
»Meine Eltern und Großeltern erzählten Geschichten aus ihrem Leben.«
»Beim Schafehüten erzählte meine Großmutter selbsterfundene Geschichten. Auch der Lehrer wollte sie hören und schrieb sie auf.«
»Unsere Familie hatte als erste einen Fernseher. Da kamen die Nachbarn, um bei uns zu schauen. Manchmal hat meine Großmutter einfach ausgemacht und Geschichten erzählt.«
»Meine Eltern haben Bücher aus der Bücherei ausgeliehen.«
»Wir haben im Radio Hörspiele gehört, die immer zu einer bestimmten Uhrzeit kamen.«
»Wir haben Fortsetzungsromane in Zeitungen gelesen.«
»Für meine Eltern waren Bücher sehr teuer. Aber sie bekamen Bücher von anderen Leuten, die sie weitergaben.«

Diese Berichte erzeugten eine nachdenkliche Stimmung in der Runde, und wir tauschten uns über die Vergangenheit und die Gegenwart aus:

»Ich fand die Geschichten früher schön. Heute bin ich Vater, erzähle gar nicht und lese wenig vor.«
»Für mich waren die Geschichten auch wichtig. Ich erzähle meinem Kind aber nicht so viel. Was hat es dann später selbst zu erzählen?«
»Schade, niemand erzählt mehr. Das ist ausgestorben.«
»Mir wurde früher nicht vorgelesen, und Geschichten wurden auch nicht erzählt. Aber ich versuche es heute bei meinem Kind, so oft es geht.«

Am Ende des Elternabends waren alle Beteiligten zufrieden. Sie fanden es interessant und anregend, einmal über sich selbst und ihre Kindheit nachzudenken:
»Die Frage, wie es mir in meiner Kindheit ging, weckte viele Erinnerungen.«
»Wer hat mir bloß all die Geschichten erzählt? Jetzt denke ich: Das muss meine Großmutter gewesen sein.«

Am nächsten Tag hing an der Info-Wand ein Zettel. Eine Mutter hatte ihn geschrieben: »Das war kein Elternabend, sondern eine Reise in die Kindheit. Es war sehr emotional. Die Erzieherinnen hatten sich viele Gedanken gemacht. So ein Elternabend bringt viel, weil etwas hängen bleibt und wir uns besser kennenlernen können.«
Unser Fazit: Bei niemandem hatten wir das Gefühl, dass er oder sie denkt: Ich genüge nicht. Oder: Ich müsste eigentlich… Vielmehr entstand ein starkes Gefühl der Verbundenheit. Das erleben wir nicht so häufig.

# Silvia Schäfstoß und Mahdokht Ansari: Was Eltern ihren Kindern mitgeben wollen

Während einer Fortbildung zur Vorurteilsbewussten Bildung und Erziehung lernte das Team des Evangelischen Kinder-und Familien-Zentrums Stöckach in Stuttgart die Übung »Was wir unseren Kindern mitgeben wollen« kennen. Sie zielt darauf, Eltern anzuregen, ihre Vorstellungen über die Erziehung der Kinder und ihre Wünsche für die Kinder aussprechen. So entsteht die Möglichkeit, sich über Gemeinsamkeiten und Unterschiede auszutauschen.

Das Team setzte die Übung als Einstieg in einen gruppenübergreifenden Elternabend ein. Von ihren Erfahrungen und Erkenntnissen berichtet die Erzieherin Silvia Schäfstoß:

Wir wollten erreichen, dass sich alle Eltern – trotz der Kürze der Zeit, die wir auf zwei Stunden begrenzt hatten – äußern und einbringen können. Deshalb konzentrierten wir uns auf ein Thema, zu dem alle etwas sagen konnten: »Was wünschen Sie sich für Ihr Kind und seine Zukunft?«

Um ins Gespräch zu kommen, wollten wir den Eltern Postkarten mit einem Motiv oder Symbol anbieten. Eine Karte mit einem Felsen im Meer könnte vielleicht zu der Antwort inspirieren: »Ich wünsche mir für mein Kind, dass es ein starkes Selbstbewusstsein entwickelt. Wie dieser Felsen, der mitten im Wasser steht.« Eine Karte mit einem Schmetterling würde vielleicht den Gedanken nahe legen: »Ich wünsche mir, dass mein Kind es leicht hat, in die Welt hinauszufliegen, viel erleben und erfahren kann.«

Bei der Vorbereitung halfen uns Kinder, aus einem dicken Fotobuch Bilder auszuwählen, und beteiligten sich auch am Ausschneiden und Laminieren. Als sie wissen wollen, was mit den Karten am Elternabend geschehen würde, erklärte ich den Ablauf: Wir legen die Karten auf den Tisch, so dass sich jede Mutter und jeder Vater ein Bild aussuchen und einen Wunsch für Tochter oder Sohn mit dem Bild verbinden kann. Danach male ich einen Blumenstrauß auf ein großes Poster und schreibe die Wünsche der Eltern auf: In die Vase schreibe ich das, was alle Eltern wünschen, und in die Blumen das, was einzelne Eltern wünschen. Den Kindern versprach ich, am nächsten Tag vorzulesen, was die Eltern sich für sie gewünscht hatten.

Den Eltern gefiel die Methode. Alle äußerten Wünsche für ihre Kinder, und wir schrieben sie auf. Was alle Eltern wünschten: ein Heim, Fröhlichkeit, Gelassenheit, Vertrauen, Liebe, offene Ohren, Gesundheit, Wurzeln, Freiheit. Wünsche einzelner Mütter oder Väter: das Leben genießen, geben und nehmen, Hilfsbereitschaft, Vielfalt akzeptieren, Sicherheit.

An diesem Abend merkten wir, dass sich viele Wünsche der Eltern mit unseren eigenen deckten, denn manche Teammitglieder nahmen bislang an, die meisten Eltern würden mehr Wert auf die Förderung der kognitiven Leistungen ihrer Kinder legten als auf deren Wohlbefinden. Diese Vermutung bewirkte, dass die Kolleginnen sich selbst unter Druck setzten, um den vermeintlichen Wünschen der Eltern gerecht zu werden. Dass dies korrigiert wurde, erleichterte uns alle. Wir entnahmen den Wünschen der Eltern auch Bitten an uns: »Achtet darauf, dass mein Kind Freunde hat, dass es sich nicht weh tut, dass es satt ist und dass es ihm gut geht.« Darum bemühen wir uns jeden Tag, versicherten wir.

Nach der Versammlung hängte ich das Poster mit dem bunten Strauß von Wünschen an die Tür. Als die Kinder am nächsten Morgen kamen, wollten sie wissen: »Was hat meine Mama gesagt? Was hat mein Papa gesagt?« Ich las es ihnen vor. Daraufhin sagten die Kinder, sie hätten auch gern die Möglichkeit, Wünsche zu äußern. Sie bereiteten diese Runde selbst vor und malten ein Poster mit einer Blumenvase. Dann legten sie eine Decke auf den Tisch und darauf die Postkarten, die sie für den Elternabend ausgeschnitten hatten. Jedes Kind

suchte sich eine Karte aus und sagte etwas dazu. Auch die Jüngsten machten mit. Wie bei den Eltern achtete ich darauf, dass alle ihre Wünsche äußerten, und schrieb sie auf.
Es war interessant zu hören, was die Kinder vorbrachten: Spaß haben, eine gute Familie haben, die Eltern sollen den Kindern glauben, sollen gesund bleiben, sollen Freunde sein, Geld verdienen, eine gute Arbeit haben, einander lieben – Wünsche, die sie für ihre Eltern

hatten oder von ihnen erfüllt zu bekommen hofften. Weil die Eltern all das erfahren sollten, baten die Kinder mich, auch ihr Poster an die Tür zu hängen.

Besonders berührte mich der Wunsch der Kinder, dass die Eltern ihnen glauben sollen. Als wir darüber sprachen, erzählten sie von Situationen, in denen sie hilflos oder wütend waren, weil die Eltern ihnen nicht geglaubt hatten.

Ich hängte das Poster der Kinder neben das der Eltern und schrieb darüber: »Liebe Eltern, die Kinder haben auch eine Wünsche-Versammlung gemacht. Hier ist das Ergebnis.« Die Eltern lasen das Plakat und reagierten unterschiedlich: Manche nahmen die Worte der Kinder ernst, manche schmunzelten darüber. Einige kamen zu mir und sprachen mit mir darüber, andere wandten sich direkt an ihre Kinder.

Für die Eltern war es ein positives Erlebnis, dass wir uns für die Wünsche interessierten, die sie – bezogen auf ihre Kinder – hegen. Für die Kinder war es wichtig, ebenfalls beteiligt zu sein und einen Weg gefunden zu haben, die Eltern auf ihre Bedürfnisse hinzuweisen.

In der Teamberatung besprachen wir das Thema noch einmal und fanden wertvoll, was Eltern und Kinder uns mitgeteilt hatten. Wir stellten fest, dass wir viele Wünsche der Eltern in unserer Arbeit bereits berücksichtigen und umsetzen, fühlten uns motiviert, weiter daran zu arbeiten und beschlossen, Kindern und Eltern solche Foren regelmäßig anzubieten.

Fazit: Die Übung war ein guter Beginn.

# Renate Simon und Mahdokht Ansari: Mein Name hat eine Geschichte

Es ist eine pädagogische Kunst, Themen zu finden, zu denen alle Eltern etwas sagen können. Ausgangspunkt ist die positive Annahme, dass tatsächlich alle Eltern etwas zu sagen haben, weil sie Expert_innen in vielen Bereichen sind, vor allem aber in ihrem eigenen Kind- und Eltern-Sein. Auch deshalb hatten die pädagogischen Fachkräfte des Evangelischen Kindergartens »OASE« in Stuttgart-Neugereut die Namen und Fotos der Kinder in der Kita sichtbar gemacht. Das war zwar auf positive Resonanz bei Kindern und Eltern gestoßen. Doch es reichte nicht aus, um ein Klima des wertschätzenden Umgangs mit Vielfalt in der Kita zu schaffen. Die Kitaleiterin Renate Simon berichtet, was sie als Team unternommen haben:

Es fing damit an, dass wir im Zusammenhang mit den Namen Spuren von Einseitigkeit, Vorurteilen und Diskriminierung im Kita-Alltag wahrnahmen: Für manche deutschsprachigen Eltern war es nicht leicht, die Namen zu lesen und auszusprechen. Zuweilen ließen sie Bemerkungen über die Namen der Kinder und Eltern fallen, die nicht wertschätzend waren: »Was habt denn ihr für Namen? Wie heißen denn eure Eltern, wie spricht man die Namen denn aus?«

Deshalb entschieden wir uns, die Namen zum Thema zu machen: Jedes Kind hat einen Namen, und jede Namensgebungs-Geschichte ist etwas Besonderes. Wir wollten dazu beitragen, dass Namen nicht mehr als »komisch« oder »schwierig«, sondern als etwas Wichtiges und Wertvolles betrachtet werden. Also planten wir eine »Namensrunde« mit den Eltern. Damit alle daran teilnehmen konnten, boten wir ihnen zwei Nachmittage an, während der sie im Wechsel die Kinder der jeweils anderen Eltern betreuten. So sorgten sie dafür, dass sie auch selbst an der Runde teilnehmen konnten.

Wir stellten den Eltern folgende Fragen:

- Wie heißt Ihr Kind?
- Wie wird sein Name geschrieben?
- Welche Bedeutung hat der Name?
- Wer hat den Namen für das Kind ausgesucht?
- Was hat er oder sie damit verbunden?

Als die Eltern sich mit den Namen und ihren Geschichten beschäftigten, wurden sie nachdenklich. Eine Mutter sagte erstaunt: »Der Name ließ sich immer so schwer lesen. Aber jetzt kenne ich seine Bedeutung und finde, es ist ein wunderschöner Name.« Ein Vater stellte fest: »Ihr habt meinen Nachnamen immer falsch ausgesprochen, obwohl ich meine Kinder schon seit drei Jahren in eurer Kita betreuen lasse.« Eine Mutter türkischer Herkunft informierte die anderen Eltern darüber, dass das Z im Türkischen wie S ausgesprochen wird.

Nicht alle Eltern wussten etwas über die Bedeutung des Namens ihrer Kinder. Viele türkischsprachige Mütter kannten sie jedoch, weil sie die Namen ausgesucht hatten. Das sorgte bei den deutschsprachigen Eltern für Respekt.
In der Runde hörten die Eltern einander aufmerksam zu. Eine Mutter war gerührt, als sie erfuhr, dass Timo von Timotheus kommt und »Gottesgeschenk« bedeutet. Sie hatte den Namen für ihr Kind ausgesucht, weil er ihr gefallen hatte. Von dessen Bedeutung wusste sie damals nichts.
Die Namensrunde ermöglichte den Austausch der Eltern. Sie halfen einander beim Schreiben und Vorlesen der Namens-Geschichten, fragten nach und bekamen Antworten. Es gab viele wertschätzende Rückmeldungen, zum Beispiel: »Wie schön der Name klingt!« Oder: »Es ist bewegend, die Geschichten zu hören.«
Wir waren erleichtert, als Eltern uns versicherten, es sei nicht so schlimm, dass wir nicht alle Namen und Nachnamen »ganz richtig« aussprachen, weil sie jetzt wissen, dass das aus Unkenntnis passierte und nicht aus Bequemlichkeit oder Respektlosigkeit. Sie hatten gemerkt, dass die Aussprache bestimmter Laute uns schwer fiel, weil sie uns nicht vertraut waren.

Wir hingegen erkannten, dass die Schwierigkeit mit manchen Namen unser Problem war, nicht das der Namen. Die Eltern empfanden es als Wertschätzung, dass wir uns nun bemühen, die Namen der Kinder und Eltern richtig auszusprechen. Sie waren froh darüber, dass wir sie eingeladen hatten, etwas über die Namen ihrer Kinder, deren Bedeutungen und Geschichten zu erzählen. Eltern, die an beiden Nachmittagen nicht dabei waren, verfassten im Nachhinein Namensseiten für ihre Kinder.
Mit ihren Kindern gestalteten die Eltern in der Halle der Kita schließlich eine Namenswand. »Da bin ich!« riefen die Kinder oder sagten: »Das hat meine Mama für mich geschrieben.« Später mussten die pädagogischen Fachkräfte ihnen die Geschichten ihrer Namen vorlesen, bis sie sie auswendig wussten und ihren Freunden erzählen konnten, warum sie zu ihren Namen kamen: »Da steht, dass meine Mama den Namen ausgesucht hat, weil meine Oma auch so hieß.«

Durch die Namensübung veränderte sich die Beziehung zwischen den Eltern und uns. Wir hatten den Eltern ermöglicht, als Expert_innen ihrer Kinder Auskünfte zu geben, und viel von ihnen gelernt. Weil wir auch die Geschichte unserer Namen erzählten, konnten sich die Mütter und Väter leichter öffnen. Eltern mit Schreibhemmungen und Eltern, die sich in ihrer Familiensprache sicherer fühlten, wandten sich vertrauensvoll an die Kolleginnen und ließen sich von ihnen beim Schreiben helfen.

Die Namensübung war für uns eine so positive Erfahrung, dass wir sie nun jedes Jahr mit den jeweils neuen Eltern wiederholen und sie den anderen Kolleginnen erklären.

# Ulla Lindemann: Eltern machen und denken mit

Eltern kommen mit ihren Erfahrungen zu Wort, wenn ihre Perspektive erfragt und wertschätzend aufgenommen wird. Es motiviert sie, sich in der Kita zu beteiligen.
Eine Elternvertreterin aus der Kita Fuchsturmweg in Jena berichtet über die Entwicklung der Zusammenarbeit von Erzieher_innen und Eltern, die gemeinsam an einem Kinderwelten-Projekt teilnahmen:

Seit elf Jahren kennen wir die Kita, weil unsere beiden Kinder sie besuchten. In dieser Zeit kam viel in Bewegung. Schon als junge Studierende fühlten wir uns mit all unseren Fragen angenommen und vollzogen die konzeptionellen Veränderungen in der Kita mit. Auch wenn es ein schwieriger Weg war – das Projekt Kinderwelten war sehr hilfreich, weil der Blick auf die unterschiedlichen Bedürfnisse der einzelnen Kinder geschärft wurde. Der Ansatz Vorurteilsbewusster Pädagogik war der Motor. Es wurde deutlich: Jeder Mensch ist besonders – in seiner Herkunft, seiner Familiensituation, seinen Talenten, Begabungen und Bedürfnissen.

Wir Eltern wurden mehr gefragt und stärker einbezogen. Als die Erzieherinnen vorschlugen, dass wir unsere Kinder malen, löste das aber zuerst Abwehr aus, denn wir kannten so eine persönliche Herangehensweise nicht. Schließlich ließen wir uns doch darauf ein und merkten, wie schön es ist, etwas so Persönliches wie das selbstgemalte Portrait unseres Kindes in den Alltag der Kita einbringen zu können. Letztlich trug das Projekt dazu bei, dass wir Eltern uns in der Kita heimischer und zugehöriger fühlen. Unsere Kinder sind gern hier und wir Eltern auch.

Ein Beispiel für diese Verbindung sind die Familienbücher. Jedes Kind hat so ein kleines Buch, das von uns Eltern ganz individuell gestaltet wurde. Wir klebten Fotos von den Familienmitgliedern ein, von den Zimmern zu Hause und von anderen Menschen oder Dingen, die für die Kinder wichtig sind. Das ist wie eine Brücke, die den Kindern hilft, von den Eltern zu den Erzieherinnen zu gelangen. Sie fühlen sich in der Kita sicherer, wenn sie ein Stück Zuhause um sich haben.

Als unser erstes Kind in der Kita war, gab es das Familienbuch noch nicht, erst beim zweiten. Wir merkten, dass diese Bücher oft zur Hand genommen werden. Sie liegen in einer kleinen Kiste und sind für die Kinder jederzeit erreichbar, so dass sie sich die Bücher allein oder miteinander anschauen können.

In all den Jahren veränderte sich die Zusammenarbeit mit uns Eltern. Wir werden stärker einbezogen und oft eingeladen, mitzumachen. Dem Team ist es wichtig, dass wir mitdenken, zum Beispiel bei den Elternabenden zu pädagogischen Fragen. Manchmal beginnen Diskussionen über bestimmte Fragen schon zwischen Tür und Angel, werden auf den Elternabenden aufgegriffen, und wir entwickeln gemeinsame Standpunkte oder gute Kompromisse, wenn es unterschiedliche Sichtweisen gibt. Dabei erleben wir, dass das Team tatsächlich an der Meinung der Eltern interessiert ist.

Beim letzten großen Elternabend ging es um Partizipation und gute Bedingungen fürs Lernen. Wir Eltern arbeiteten in Kleingruppen mit jeweils einer Erzieherin an diesen Themen. Für einen anderen Elternabend wurden Spielsituationen der Kinder gefilmt, und wir stellten erstaunt fest, was so alles im Spiel der Kinder steckt. Das war interessant, denn es ist für uns im Alltag nicht immer ersichtlich.

Auch wir Elternvertreterinnen arbeiten offen und vertrauensvoll mit dem Team zusammen. Wir tauschen uns nicht nur bei unseren Treffen aus, sondern reden auch im Alltag oft miteinander. Immer wieder sagt uns die Leiterin, unsere Meinung und unser Rat seien ihr wichtig. Sie freut sich, wenn wir wissen wollen, welchen Entwicklungsweg die Kita einschlägt, und gibt uns nicht nur einen Einblick in wichtige Belange der Kita, sondern ermöglicht den Austausch und die Zusammenarbeit auf Augenhöhe.

Der Umgang miteinander ist respektvoll. Steckt eine Familie in einer schwierigen Situation, versucht das Team, das zu berücksichtigen. Vergessen Eltern, die mit kleinen Geschwisterkindern belastet sind, zum Beispiel mal etwas, nehmen die Erzieherinnen das nicht übel.

Ein wichtiges Thema im Kinderwelten-Projekt war die Auseinandersetzung mit der Macht, die Erwachsene über Kinder haben. Es sagt sich so leicht: Das Kind steht im Mittelpunkt; es kann seine Bedürfnisse vertreten und selbst entscheiden. Doch in unserer Kita wird die Meinung der Kinder eingeholt. Da hat das Team schon eine Menge geschafft.

Wir Eltern stehen zwar hinter dieser Sicht auf die Rechte der Kinder. Aber manchmal ist es schwierig. Zum Beispiel wollten die Erzieherinnen die Außentreppe im ersten Stock nach unten öffnen, damit die Kinder jederzeit in den Garten gehen können. Zur Sicherheit wurden Fallschutzmatten auf den Stufen angebracht. Aber die Eltern junger Kinder hatten trotzdem Angst. In einem Gespräch versicherten die Erzieherinnen, dass sie die Sorge der Eltern verstehen und besonders die jüngsten Kinder im Auge behalten. Aus pädagogischen Gründen blieben sie dabei, dass die Treppe begehbar sein soll, und erklärten den Eltern ihre Absichten.

## Reflexionsfragen

- Laden wir die Eltern ein, sich über ihre Familienkulturen auszutauschen, z.B. bei Elternabenden, in Elterngesprächskreisen? (1.10.1.)
- Bringen wir in Erfahrung was Eltern ihrem Kind vermitteln wollen? (1.8.3.)
- Fragen wir die Eltern nach der Bedeutung der Namen ihrer Kinder und achten auf eine korrekte Aussprache der Vor-und Nachnamen? (1.8.6.)
- Schlagen wir den Eltern vor, wie sie sich beteiligen und dazu beitragen können, dass Kinder in ihrer Identität gestärkt werden? Zum Beispiel: mit Fotos für Familienwände, Büchern, Geschichten, Musik, Gedichten, Theaterstücken, Tänzen, Liedern. (1.9.5.)
- Achten wir bei Gesprächen mit Eltern darauf, dass persönliche Erfahrungen nicht bewertet werden? (1.10.4.)
- Weisen wir darauf hin, dass über den Austausch persönlicher Erfahrungen unter den Eltern Vertraulichkeit gewahrt bleiben muss? (1.10.5.)

HERA

# 3. Dialoge über Erziehungsfragen ermöglichen

Bei der Verwendung von Begriffen machen wir nicht nur in Fortbildungen häufig die Erfahrung, dass wir deren Inhalte verschieden verstehen und uns infolgedessen missverstehen. Auch mit dem Wort Dialog kann Unterschiedliches gemeint sein. Damit nachvollziehbar ist, welche Qualität professionellen Handelns wir herausstellen wollen, wenn wir Praxisbeispiele beschreiben, in denen pädagogische Fachkräfte dialogisch mit Eltern kommunizieren, erklären wir im Folgenden unser Verständnis von Dialog.

Janet Gonzales-Mena, die US-amerikanische Beraterin für qualitativ hochwertige Betreuung von Säuglingen und Kleinkindern, setzt sich für eine wertschätzende und anerkennende Beziehung zwischen pädagogischen Fachkräften und Familien ein. Unter einer dialogischen Beziehung versteht sie: Neues Gedankengut entdecken, ohne zu versuchen, die andere Person zu überzeugen. Das Ziel eines Dialogs sei nicht, zu gewinnen, sondern Wissen zu erweitern. Es gehe nicht um einander gegenüberstehende Sichtweisen, sondern darum, andere Sichtweisen zu verstehen.[34] »Dialoge entstehen, wenn die beteiligten Menschen beginnen, einander zuzuhören, statt einander zu beurteilen.«[35]

## Was macht einen Dialog aus?

- Ein Dialog ist ein Austausch von Gedanken, Gefühlen, Erfahrungen, Weltsichten, Ideen und Fragen.
- Die Absicht eines Dialogs ist, gemeinsam etwas Neues zu entwickeln.
- Dialogisches Sprechen ist immer ergebnisoffen.
- Beide Dialogpartner sind gleichwertig. Das bedeutet: Ein Dialog erfordert wechselseitige Anerkennung, die Fähigkeit des Zuhörens, Abwartens, Fragens und Antwortens beziehungsweise das Eingehen auf das Gegenüber.

34 Vgl. Gonzales-Mena 2008, 4
35 Ebd., 26

In der inklusiven Zusammenarbeit mit Eltern heißt dialogisches Handeln, sich des eigenen Standpunkts bewusst zu sein, ihn zu vertreten und zugleich offen für die Auffassungen der Eltern zu sein. Sollen Mütter und Väter sich als am Kita-Alltag Beteiligte begreifen, brauchen sie unsere Botschaft, dass ihre Sichtweisen von Interesse und bedeutsam sind. Wir bringen unsere Auffassung von entwicklungsförderndem Verhalten gegenüber Kindern ein und berufen uns dabei auf unsere Professionalität, auf das in der Ausbildung erworbene Wissen.
Selbst wenn wir überzeugt sind, dass unsere Annahmen richtig sind – inklusives professionelles Handeln geht davon aus, dass es unterschiedliche Erziehungsvorstellungen gibt, die jeweils ihre Berechtigung haben. Allerdings ist es nicht leicht, anderen Vorstellungen Raum zu geben und den Austausch auf Augenhöhe zu ermöglichen, denn in der Beziehung zwischen Erzieher_innen und Eltern spiegeln sich gesellschaftliche Machtverhältnisse wider. Fachlichkeit bedeutet im Ansatz Vorurteilsbewusster Bildung und Erziehung auch, sich fortwährend der eigenen Macht – zum Beispiel als Angehörige_r einer Bildungsinstitution oder der weißen deutschen Mehrheit – bewusst und hierarchiekritisch zu sein, um auf der Basis dieser Erkenntnis Beziehungen von Gleichwürdigkeit aufbauen zu können. Das ist eine Voraussetzung für den echten Dialog.

Orte für den dialogischen Austausch von Erfahrungen, Sichtweisen und Anliegen sind Elterngesprächskreise.[36] Erzieher_innen stellen Eltern den Raum für einen Austausch zu erziehungsrelevanten Fragen zur Verfügung, bringen sich mit ihrem Fachwissen ein, sehen ihre Aufgabe jedoch vorrangig in der Moderation der Eltern-Gespräche.

---

36 Dieses Fortbildungsformat wurde von der Fachstelle Kinderwelten im Institut für den Situationsansatz entwickelt, um Gesprächskreise zu erziehungsrelevanten Themen mit Eltern und Erzieher_innen zu erproben und in der Praxis zu verankern. Die Module wurden von Kolleginnen des Instituts im Auftrag des Arbeitskreises Neue Erziehung e. V. (ANE) in Berlin entwickelt. Themen, die gemeinsam mit Eltern besprochen werden, sind: »Die Bedeutung des Spiels für die kindliche Entwicklung«, »Freiheiten lassen – Grenzen setzen«, »Typisch Mädchen – typisch Junge«, »Mehr Respekt vor Kindern«, »Kinder haben das Recht auf gewaltfreie Erziehung«, »Unser Leben mit zwei (und mehr) Sprachen«, »Sprachentwicklung und Sprachförderung«, »Mit dir spiele ich nicht!« und »Wie kleine Kinder Vorurteile entwickeln«. Insgesamt stehen 15 Module für die Umsetzung mit Eltern zur Verfügung.

# Emel Ersan und Anke Krause: Ins Gespräch kommen

Emel Ersan, Erzieherin im Familienzentrum Kornstraße von KiTa Bremen, bietet seit einigen Jahren Elterngesprächskreise in ihrer Einrichtung an. Sie berichtet von ihren Erfahrungen und Erkenntnissen:

Um das neue Angebot bekannt zu machen, erklärten meine Kollegin Duygu Selek und ich zu Beginn, was ein Elterngesprächskreis ist. Auf ein Flipchart hatten wir das Wort Elterngesprächskreis geschrieben und ein großes Fragezeichen dahinter gesetzt. Die Resonanz der Eltern war gut. Von Anfang an waren immer zehn bis 15 Personen dabei, Väter und Mütter. Vier bis fünf kamen regelmäßig und machten bei den anderen Eltern Werbung, indem sie erzählten, was sie erlebt hatten. Das verbreitete sich. Mittlerweile kommen die verschiedensten Eltern: Menschen mit und ohne Migrationserfahrungen, die Anwältin, der Bauarbeiter. Sind Eltern dabei, die noch nicht gut Deutsch verstehen oder sprechen, übersetzen wir oder jemand von den Eltern. Schnell war klar, dass es besser ist, den Gesprächskreis zu zweit zu moderieren, um einander unterstützen zu können. Überstunden fielen an, denn Vorbereitung und Durchführung brauchen Zeit. Unsere Leiterin unterstützte uns, und wir teilten uns die Arbeit. In einem Monat war die eine für die inhaltliche Vorbereitung zuständig, im nächsten Monat die andere. Hilfreich war auch, dass wir Termine und Inhalte für das ganze Jahr festlegten. So konnten sich die Eltern langfristig orientieren und wir auch.

## Der Ablauf

Zwar gaben wir kurze fachliche Inputs und leiteten Übungen ein, aber die meiste Zeit über moderierten wir die Gespräche. Das war für die Eltern neu, denn sie gingen davon aus, dass wir ihnen etwas erzählen. Gerade biografische Gespräche, in denen sie über ihre Erfahrungen als Kinder oder über andere Erinnerungen erzählten, waren für sie eine Überraschung, denn solche Themen wurden an Elternabenden bisher selten besprochen – und schon gar nicht so offen. Daran mussten die Eltern sich erst gewöhnen.Es gibt einige Regeln, die wir besprochen und eingeführt hatten: Wir lassen einander aussprechen, und alles, was gesagt wird, wird weder be- noch abgewertet und ist vertraulich. Ausgangspunkt der Entwicklung gemeinsamer Regeln war die Frage: Was brauche ich, damit ich mich hier wohl fühle und über das sprechen kann, was mir wichtig ist? Neu war die Erfahrung, dass die Eltern den Verlauf und die Inhalte der Gespräche mitbestimmten. Zum Beispiel sagten sie: »Wir möchten diese Frage nicht in der Kleingruppe, sondern lieber in der Gesamtgruppe besprechen.« Das haben wir dann gemacht. Die Rollenspiele, die zu manchen Modulen gehören, waren auch mir neu. Ich befürchtete, dass die Eltern nicht mitmachen würden. Aber das Gegenteil war der Fall. In den Gesprächskreisen stellte sich übrigens heraus: Es gab keine Patentrezepte. Niemand sagte den Eltern, wie sie ihre Kinder erziehen sollen. Ausgehend von unseren eigenen Erfahrungen als Kinder überlegten wir, was wir damals gebraucht hätten:

- Was hätte uns geholfen?
- Wie fühlten wir uns, wenn wir bestraft wurden, und was lernten wir dadurch?
- Wie ging es uns damit, dass Erwachsene Macht haben und bestimmen?
- Wie könnten wir das bei den eigenen Kindern anders machen?
- Welche Ideen und Erfahrungen haben die Menschen, die hier sind?

Wir stellten fest, dass das, was jemand richtig und wichtig findet, nicht für alle gelten muss. Vielmehr wurde deutlich: Es ist nicht leicht, so zu handeln, dass es allen gut geht. Zunehmend bauten wir Reflexionsschritte ein und fragten die Eltern: Wie fühlen Sie sich jetzt, zu Beginn des Treffens? Nachdem wir das Thema bearbeitet hatten, baten wir sie erneut um Rückmeldungen. Wir fragten, was die Beschäftigung mit dem Thema bei ihnen bewirkt hatte und was sie mitnehmen – zum Nachdenken oder Handeln. Beim Thema »Freiheiten und Grenzen« machten wir ein Rollenspiel: Im Supermarkt will ein Kind unbedingt Schokolade haben, aber die Eltern kaufen keine. Leute beobachten die Szene und mischen sich ein. Wir baten die Eltern, nachzuspielen, wie sie solch eine Situation lösen. Und wir baten sie, andere Lösungen auszuprobieren. Hinterher sprachen wir darüber, wie man sich fühlt, wenn andere Menschen zuschauen, tuscheln, missbilligend gucken oder sich einmischen. Viele Eltern fanden das sehr unangenehm und fürchteten, man könne sie für hilflos halten, wenn sie auffälliges Verhalten ihrer Kinder nicht unterbinden. Es tat ihnen gut, im Rollenspiel auszuprobieren, wie man sich gegen missbilligende Äußerungen anderer Menschen wehrt. In der Auswertung achteten wir darauf, welche Gefühle mit den verschiedenen Rollen verbunden waren:

- Wie war es in der Rolle des Kindes?
- Und wie in der Rolle der Eltern?
- Was bedeutet es, vorurteilsbewusst auf die Situation zu schauen?
- Wer erlebt Diskriminierung? Das Kind, weil die Eltern über es bestimmen? Die Eltern, weil sie von den Passanten verurteilt werden?
- Wie gehen wir mit Grenzüberschreitungen um?

## Offenheit und Gefühle

Manche Gesprächskreise waren sehr emotional. Manchmal brachen Eltern in Tränen aus, weil sie verzweifelt oder ratlos waren. Wir lernten, dass Zuhören oft der einzige Weg ist und dass es nicht darum geht, Verzweiflung oder Trauer wegzutrösten. Merkten wir, dass mehr Zeit gebraucht wurde, boten wir an, uns später noch einmal zu zweit oder zu dritt zu treffen. Manchmal half schon, dass andere Eltern sagten: »Das kenne ich auch. Mir ging es auch schon so.«

Das Gefühl, mit seiner Not nicht allein zu sein, verband die Eltern. Von Mal zu Mal öffneten sie sich mehr. Auch außerhalb der Gesprächskreise wurden wir angesprochen: »Ich habe gehört, dass Kinder, die jünger als drei Jahre sind, kein Fernsehen schauen sollen. Aber bei uns läuft der Fernseher den ganzen Tag. Ist das wirklich so schlimm?« Seit die Eltern die Erfahrung gemacht hatten, dass wir sie nicht abstempeln oder verurteilen, wagten sie es zunehmend, solche Fragen zu stellen.

In einem anderen Gesprächskreis ging es um Geschlechterstereotype. Eine Mutter erzählte, dass ihr Sohn sich gern verkleidet, sich Röcke oder Kleider anzieht und zu Hause darin herumläuft. Ihr Mann und sie waren sich nicht einig, wie sie damit umgehen sollen. Das Kind litt darunter. Mehrfach sprachen wir über dieses Thema, und es gab niemanden, der sagte: »Jetzt reicht mir das aber!«

Für uns war zunächst wichtig, herauszufinden, was für die Mutter am Verhalten ihres Sohns problematisch war. Wir baten sie zu beschreiben, warum sie oder ihr Mann dagegen waren. Uns lag daran, sie zu verstehen, bevor die anderen Eltern ihre Standpunkte äußerten. Ihren Zwiespalt beschrieb sie so: Aus religiösen Gründen sei das Verhalten des Jungen zwar nicht akzeptabel, aber sie habe gelernt, hierzulande sei es normal, dass ein Junge mal einen Rock anzieht und sich schminkt. Da ihr Mann strikt dagegen sei, verbiete sie ihrem Sohn, Röcke oder Kleider zu tragen, wenn der Vater zu Hause ist.

In unseren Gesprächen ging es nicht darum, Lösungen zu finden, sondern Probleme ansprechen zu dürfen, ohne verurteilt zu werden. Das machte eine andere Mutter deutlich, indem sie sagte: »Ich verstehe dich und finde es gut, dass du dich traust, darüber zu sprechen.« Diese Mutter war aus der Türkei eingewandert. Mit ihrer Äußerung machte sie allen Eltern Mut, über ihre Erfahrungen und Gedanken zu sprechen.

Auch bei anderen Themen vertraten Mütter und Väter daheim manchmal unterschiedliche Auffassungen und wollten zu zweit kommen. War ihnen das zeitlich nicht möglich, boten wir die Themen zwei Mal an.

## Gemeinsamkeiten und Unterschiede

Einkommensunterschiede oder das, was die Eltern als Bildungsunterschiede wahrnehmen, können Barrieren sein oder es zumindest erschweren, miteinander zu sprechen. Immer wieder bringen Eltern ihren Schulabschluss in Verbindung damit, ob sie etwas beitragen können. Sie sagen: »Ich habe nicht studiert, bin nicht zur Schule gegangen. Ich kann dazu nichts sagen.« Dann antworten wir: »Doch, du hast Kinder. Also hast du Ahnung und kannst etwas beisteuern.« Denn das ist unsere Erfahrung: Alle Eltern erziehen ihre Kinder und haben Ideen oder Vorstellungen, die für andere Menschen interessant sind.

Viele biografische Übungen bieten Begegnungsmöglichkeiten und weichen Vorannahmen übereinander auf. Es geht ja nicht darum, dass alle beste Freunde werden, die Unterschiede bleiben. Doch im Austausch zeigte sich: Wir alle haben Schwieriges und Schönes erlebt, sind traurig und fröhlich, aber wir haben viele gute Ideen, mit denen wir einander helfen können.

Nachdenklich machte mich ein Vater, der uns erzählte, dass er immer stark sein musste. Es war ein Erlebnis für ihn, dass die anderen Eltern ihm zuhörten, von ähnlichen Erfahrungen berichteten und nicht sagten: »Bei euch ist das halt so! In eurem Land ist sowieso alles verboten.« Ich kenne es auch, dass andere Menschen mich auf meine Herkunft reduzieren und zu wissen glauben: »Bei euch ist das so und so.« Trotzdem passiert es mir manchmal, dass ich ebenso handele, denn es ist nicht leicht, das abzustellen. Meine Erinnerungen helfen mir dabei.

Ein anderes Beispiel: Eine Mutter hat eine geistige Behinderung, die uns kaum auffiel. Sie kam morgens, brachte ihr Kind, meldete sich an, meldete sich ab, und das war's. Worüber sie nachdachte und was sie beschäftigte, das trat erst im Elterngesprächskreis zutage, und andere Eltern stimmten ihr zu. Da fing sie an zu weinen, weil sie verstanden wurde. Zuvor hatte sie oft das Gefühl, abgelehnt zu werden, weil sie langsamer war als andere. Wir waren alle berührt und brauchten eine Pause, um uns zu sammeln.

## Die eigenen Kompetenzen ausbauen

Um unser Konzept vorzustellen und die Elterngesprächskreise bekannt zu machen, nutzten wir eine Team-Besprechung. Wir schlugen ein Thema vor und tauschten uns dazu so aus, dass die Kolleginnen quasi das Gleiche erlebten wie die Eltern.

Danach boten wir die Gesprächskreise allen Eltern an, also auch denjenigen, die ich nur vom »Guten-Morgen«-Sagen kannte. Es brauchte ein bisschen Überwindung, um sie anzusprechen und einzuladen. Da viele Eltern die Themen interessant fanden, reagierten sie po-

sitiv, und ich lernte, genauer hinzuschauen. Eltern, die mich zum Beispiel nicht grüßten, hatte ich schnell als unfreundlich oder uninteressiert abgestempelt, statt mich zu fragen, woran es lag, dass sie mich nicht beachteten. Hatten sie mich nicht gesehen? Waren sie mit ihren Kindern beschäftigt? Hatten sie es eilig, zur Arbeit zu kommen?
Solche Fragen halfen nicht allein mir, offen auf die Eltern zuzugehen, mit denen ich bislang wenig zu tun hatte, sondern auch den Eltern, die Vorbehalte hatten, miteinander in Kontakt zu treten. Ihnen hatte ich nämlich ähnliche Fragen wie mir selbst gestellt: »Was weiß du eigentlich wirklich über die andere Person und ihre Beweggründe, etwas zu tun oder zu lassen?«
Seit wir in der Kita nach dem Ansatz der Vorurteilsbewussten Bildung und Erziehung arbeiten, ändert sich die Grundhaltung. Wir achten darauf, wie wir mit den Kolleginnen oder Eltern sprechen und wie wir mit den Kindern umgehen. Tun wir das respektvoll und wertschätzend? Im Alltag fragen wir uns öfter:

- Warum habe ich das jetzt so gemacht?
- Würde ich es beim nächsten Mal anders machen?
- Was hat mein Handeln mit mir und meiner Biografie zu tun?

In den Elterngesprächskreisen lernte ich auch, dass es unterschiedliche Perspektiven beim Betrachten einer Situation gibt und dass ein Geschehen unterschiedlich wirkt – je nachdem, welche Erfahrungen man gemacht hat oder was einem wichtig ist. Dies anzuerkennen ist mir inzwischen selbstverständlich, auch wenn ich nicht jede Perspektive teile. Und ich weiß heute, dass es nicht egal ist, welche Wortwahl ich treffe, um auf ein Anliegen zu reagieren. Da wir die Gesprächskreise ein Mal im Monat anbieten, gewöhnte ich mir an, Fachliteratur zu lesen und nach Beiträgen zu suchen, um mich auf das jeweilige Thema vorzubereiten. Kommen im Gespräch Fragen auf, die ich nicht beantworten kann, informiere ich mich im Nachhinein, weil ich neugierig bin und wissen will, was Fachleute dazu sagen. Von dem Anspruch, alles selbst wissen zu müssen, haben meine Kolleginnen und ich uns inzwischen befreit, geben den Ball weiter und fragen die Eltern, was sie denken. Bleiben Fragen offen, sammeln wir sie, um später noch einmal darauf zurückkommen zu können und eventuell jemanden einzuladen, der auf diesem Gebiet spezialisiert ist. Das entlastet ungemein. Außerdem ist es wichtig, dass die Eltern wissen: Wir Erzieherinnen können – ebenso wie die Mütter und Väter – nicht immer alles richtig machen. Aber wir können gemeinsam über Probleme nachdenken und Dinge verändern, wenn wir kooperieren.

## Fazit

Dieses Beispiel zeigt, wie inklusive, vorurteilsbewusste Interaktion mit Eltern gelingen kann, wenn die Voraussetzungen dafür geschaffen werden: Die Erzieher_innen sind sensibel für Einseitigkeiten und Vorurteile. Sie hören nicht nur in den Elterngesprächen genau zu, sondern reflektieren das eigene Denken und Handeln immer wieder. Den vielfältigen Erfahrungen und Sichtweisen geben sie Raum, indem sie Maßnahmen ergreifen, damit in der geschützten Atmosphäre der Elterngesprächskreise Vertrauen entstehen kann. Durch die Reflexion ihrer eigenen biografischen Erfahrungen fördern die Erzieher_innen gegenseitiges Verstehen, stellen Gemeinsamkeiten heraus und sorgen so für eine Basis, die es erlaubt, achtsam mit Unterschieden umzugehen. Darüber hinaus haben die Erzieher_innen mögliche Barrieren im Blick, die auch durch ihre eigenen Vorurteile gegenüber Eltern entstehen können, bemühen sich um eine dialogischen Haltung und fragen zuerst sich selbst: Inwiefern verhindere ich den Kontakt mit dieser Mutter oder diesem Vater? Das ist mutig, denn es erfordert, sich die eigenen Begrenzungen im Denken anzuschauen und bereit zu sein, die Perspektive eines anderen Menschen einzunehmen.

# Sonja Wolfrum: Austausch über Erziehungsfragen

Die Kita im TAM des Diakonischen Werks Berlin Stadtmitte, in der Sonja Wolfrum arbeitet, beteiligte sich an einem Projekt von Kinderwelten, und das Team bezog die Eltern von Anfang an in die eigenen Lern- und Veränderungsprozesse ein. Die Erzieher_innen trugen zum Abbau des strukturell vorhandenen Machtgefälles zwischen der Institution Kita und den Eltern bei, indem sie sich der gemeinsamen Erfahrung mit Eltern öffneten. Sonja Wolfrum berichtet:

Unsere Kita wurde im Rahmen des Projekts »Inklusion in der Praxis von Krippen und Kitas« zwei Jahre lang begleitet. Voraussetzung war, dass die Erzieher_innen, die Eltern und insbesondere die Elternvertreter_innen zustimmten. Von Anfang an waren sie in den Prozess involviert und diskutierten mit uns zum Beispiel über folgende Fragen:

- Wo stehen wir als »Kita im Aufbau«?
- Wo gibt es Schwierigkeiten?
- Warum benötigt die Umsetzung mancher Festlegungen so viel Zeit?
- Wohin wollen wir?

Dazu waren viele Zusammenkünfte – ins Gespräch kommen und im Gespräch bleiben – unabdingbar. Beim Laternenbasteln oder beim Anfertigen von Familienwänden lernten wir einander kennen und schufen eine Vertrauensbasis, so dass schließlich eine Elterngruppe entstand, in der wir uns mit Müttern und Vätern über Themen der Vorurteilsbewussten Bildung und Erziehung austauschten.

Leider missglückte die Auftaktveranstaltung, weil sich nur eine interessierte Mutter einfand. Den zweiten Versuch bereiteten wir besser vor. Wir informierten auf Elternabenden und stellten zwei Termine mit unterschiedlichen Uhrzeiten zur Auswahl.

Zu dieser Veranstaltung erschienen acht Eltern, zwei Erzieherinnen, die Kita-Leitung und eine Mitarbeiterin aus dem Familienzentrum, und wir beschlossen, die Voraussetzungen für das weitere Bestehen der Gruppe zu schaffen. Als erstes führten wir die Eltern in das Thema »Inklusion« ein. Dann fragten wir sie, was sie sich für ihre Kinder in der Kita wünschen. Ich kann mich daran erinnern, wie interessant das war und dass wir Lust bekamen, den Austausch mit den Eltern zu intensivieren. Aber es gab auch Unsicherheit: Wie sollen wir all die Erwartungen, Ansprüche und Wünsche der Eltern erfüllen?

Ein Mal monatlich sollten die Treffen von nun an stattfinden, begleitet im Wechsel von mir und Sandra Richter, Mitarbeiterin von Kinderwelten. Um ausreichend Zeit für die Auseinandersetzung zu haben, sahen wir zwei Sitzungen pro inhaltlichen Schwerpunkt vor. Thematisch orientierten wir uns an den Fortbildungsinhalten, mit denen wir uns im Rahmen des Projekts auch im Team beschäftigten. Dadurch ergaben sich unterschiedliche Perspektiven auf die gleichen Themen.

Gemeinsam über ein Thema nachzudenken und daran zu arbeiten, das vermittelte uns das Gefühl: Wir ziehen am gleichen Strang und geben unser Bestes für die Kinder. Die parallele thematische Auseinandersetzung des Teams und der Eltern hatte meiner Meinung nach einen positiven Effekt, denn die Eltern konnten sich auf ihre Weise an dem Prozess beteiligen, den auch wir Erzieherinnen absolvierten.

Eine soziometrische Aufstellung, bei der sich die Eltern zu bestimmten Fragen positionieren oder etwas erzählen konnten, leitete jede Sitzung ein. Auf die Einführung in das Thema folgte die Auseinandersetzung mit der eigenen Biografie: Wie war das bei mir? Diese Selbstreflexionsfrage bot auch häufig die Grundlage für den Austausch zu zweit oder im Plenum. Danach lenkten wir den Blick auf die Bildungseinrichtung Kita und besprachen, was die Ergebnisse der Sitzung für die Praxis in unserer Einrichtung bedeuten.

## Wurzeln und Flügel

1. Soziometrische Aufstellung:
   - Brachte mich in meiner Kindheit etwas aus dem Gleichgewicht, so dass ich meine Wurzeln und Flügel neu »justieren« musste? Wenn ja, was?
   - Beeinflusste mich eine Erzieherin oder ein Lehrer besonders? (Aufstellen zwischen den Polen negativ – positiv) Wenn ja, inwiefern?
2. Selbstreflexion: Wie wurden meine Wurzeln und Flügel gestärkt?
3. Wie können Eltern die Wurzeln und Flügel ihrer Kinder stärken?
4. Wie kann eine Bildungseinrichtung die Wurzeln und Flügel der Kinder stärken?
5. Was davon finden wir in unserer Kita? Was kann die Kita noch tun, um die Wurzeln und Flügel der Kinder zu stärken?

# Sonja Wolfrum: Die Offenheit der Eltern

Sonja Wolfrum aus der Kita im TAM des Diakonischen Werks Berlin Stadtmitte berichtet weiter:

Von Anfang an überraschte uns die Offenheit, die uns die Eltern entgegenbrachten. Sie sprachen über Erfahrungen in der Kindheit und über deren Auswirkungen auf die Gegenwart, also auf Entscheidungen, die die eigenen Kinder betreffen. Sehr bald dachten wir über folgende Fragen nach:

- Was wollen wir Erzieherinnen von uns erzählen und preisgeben?
- Wollen wir Distanz wahren und in der Rolle der Moderatorin bleiben? Oder wollen wir uns intensiver in die Gespräche einbringen?
- Welche Auswirkungen könnte unsere Offenheit auf den Kitaalltag und die Zusammenarbeit mit den Eltern haben?

Im Laufe des Prozesses begleiteten und beschäftigten uns diese Fragen immer wieder. Wir verständigten uns darauf, dass jede von uns die Rolle der Moderatorin einnimmt und die Eltern zum Austausch einladen soll, dabei aber frei entscheiden kann, welche persönlichen Erfahrungen sie in der Runde mitteilen möchte.

Anfangs wussten wir nicht, ob sich unsere Anwesenheit negativ auf den Gesamtprozess und die Offenheit der Eltern auswirken würde. Wir befürchteten, dass sie sich zurückhalten würden, um von uns nicht beurteilt zu werden. Doch wir wurden eines Besseren belehrt: Die Eltern waren so offen, dass eine gute Gesprächs- und Diskussionsgrundlage entstand.

Weil solche Offenheit einen geschützten Raum braucht, sicherten wir zu, dass alles Persönliche vertraulich ist. Lediglich Gesprächsinhalte, die damit in Zusammenhang standen, was Bildungseinrichtungen beachten und umsetzen können, wollten wir als Diskussionsgrundlage in Teamsitzungen mitnehmen und erörtern, was aus pädagogischer Sicht möglich ist. Dem stimmten die Eltern zu.

Auf die Frage, was ihnen an den Treffen gefällt, antworteten die Mütter und Väter: »Die Teilhabe an den Erfahrungen anderer Eltern und die methodischen Hinweise der Moderatorinnen; der Austausch mit den Eltern und die situationsnahen Gedanken; die Gruppe und die Dynamik, die sich im Laufe der Zeit entwickelt hat; die angenehme Atmosphäre und Offenheit der Runde; die entspannte, anregende Stimmung in der Gruppe und dass es Zeit zum Nachdenken gibt.«

Interessant war, dass die Eltern teils einen ähnlichen Prozess durchliefen wie wir. Ich kann mich noch gut an meine erste Erfahrung mit einer Übung erinnern, bei der es um Adultismus[37] ging, denn ich dachte: Habe ich vielleicht den falschen Beruf? Mache ich überhaupt alles falsch? So ähnlich erging es auch manchen Eltern nach ihrer ersten Auseinandersetzung mit diesem Thema, und sie waren erleichtert, als sie erfuhren, dass auch mich Zweifel plagten. Auch mir fiel es schwer zu akzeptieren, dass ich nicht auf alle Fragen Antworten habe, denn als Fachkraft wollte ich nicht nur mein Gesicht wahren, sondern hatte auch noch den Anspruch, perfekt zu sein.

Während unserer Workshops mit Kinderwelten und danach hatte ich viel Zeit, darüber nachzudenken und meine pädagogische Haltung zu reflektieren. Dies gab mir Sicherheit in meinem Handlungsrepertoire und half mir, den Gedanken überwinden, perfekt sein zu

37 Adultismus beschreibt die Machtungleichheit zwischen Kindern und Erwachsenen und die Diskriminierung jüngerer Menschen allein aufgrund ihres Alters. Dies geschieht zumeist in der Konstellation Erwachsene_r – Kind, kann jedoch ebenso zwischen älteren und jüngeren Kindern auftreten. Mehr dazu im Kapitel über Adultismus, das im Band »Interaktion mit Kindern« zu finden ist.

müssen. Das Gefühl, vor Eltern das Gesicht verloren zu haben, überkommt mich nicht mehr. Im Gegenteil! Weder für die Eltern noch für uns bieten die Treffen Patentrezepte, mit denen wir nach Hause gehen und nun alles »richtig« machen. Vielmehr geht es darum, sich mit der eigenen Kindheit auseinanderzusetzen und zu reflektieren, wie stark bestimmte Verhaltensweisen unserer Eltern uns geprägt haben und inwiefern sie sich auf unseren Umgang mit Kindern auswirken. Was möchten wir übernehmen, was überdenken oder verwerfen? Was können wir bei den eigenen Kindern anders machen?

## Eine Mutter berichtet: Die Adultismus-Warnlampe und wie ich sie kennenlernte

Zum ersten Mal hörte ich den Begriff Adultismus in unserer Kinderwelten-Elterngruppe. Ich konnte nicht viel damit anfangen und dachte: Oh je, pädagogische Theorie! Während unserer Gesprächsrunden und vor allem im Alltag wurde mir in den letzten Wochen dann immer bewusster, was Adultismus bedeutet, wo, wann und in welchen Formen er mir in meinem Umfeld begegnet – gar nicht theoretisch, sondern ganz praktisch und lebensnah.

Es wäre vermessen zu behaupten, dass ich den Begriff immer auf dem Schirm habe, aber: Die Adultismus-Warnlampe leuchtet häufig auf. Ich versuche, das wahrzunehmen und sie mit positivem Ergebnis auszuknipsen.

Ein Beispiel: Letzte Woche besuchten wir das Aquarium. Draußen regnete es. Also schnell an die Kasse, bezahlen – ups, ganz schön teuer –, reingehen, die Kinder aus den Jacken pellen, und los. Paul war aufgeregt und sprang wie ein Flummi von einem Fisch zum nächsten. Wir hinterher, der kleine Jannick in der Trage vor meinem Bauch. Minuten später sprintete Paul zur Treppe und wollt nach oben. Meine Antwort: »Aber wir haben doch gerade erst im Erdgeschoss angefangen!« Ich dachte nämlich: Alles schön der Reihe nach. Pauls Antwort: »Nein, ich will nach oben.«

Da meldete sich meine Adultismus-Warnlampe: Warum müssen wir denn erst alles hier unten anschauen? Antwort: Weil man das eben so macht. Aus Gewohnheit. Dabei ist es doch völlig egal! Die Tiere können nicht weglaufen, wir verpassen nichts. Außerdem sind wir wegen Paul ins Aquarium gegangen. Es ist sein Event! Kurze Absprache zwischen Mama und Papa. Statt mich durchzusetzen, was ich bestimmt ohne großes Drama hinbekommen hätte, sagte ich: »Ok, Paul. Dann lass uns nach oben flitzen.«

An diesem Nachmittag flitzten wir noch oft hin und her. Paul war glücklich. Ich auch.

## Was die Bereitschaft zur Offenheit begünstigt

- Die pädagogischen Fachkräfte sorgten für einen geschützten Raum und sicherten Vertraulichkeit zu.
- Die Eltern waren sich sicher, nicht beurteilt zu werden.
- Die Haltung der Moderatorinnen war geprägt von Interesse, Empathie und dem Bemühen, zu verstehen.
- Die Erzieherinnen traten nicht als Allwissende auf, sondern zeigten sich als Menschen, die Fehler machen und Lernende sind.
- Die Eltern wurden als Expert_innen betrachtet. Der Elterngesprächskreis war ein für sie geschaffener Raum, in dem sie ihre Fragen besprechen und ihre Kompetenzen einbringen konnten.

# Sonja Wolfrum: Die Themen der Eltern

Sonja Wolfrum aus der Kita im TAM des Diakonischen Werks Berlin Stadtmitte berichtet weiter:

Die Themen der ersten Sitzungen hatten wir noch vorgegeben, zum Beispiel: Reflexion der Namensgebung und -bedeutung, Wurzeln und Flügel, Adultismus. Danach orientierten wir uns an den inhaltlichen Wünschen der Eltern. Zwar hatten wir eigene Ideen, die wir mit den Eltern bearbeiten wollten, aber es kamen viele Anregungen und Wünsche von ihnen, die wir ernst nahmen und wertschätzten. So fanden Sitzungen zu Geschlechterstereotypen und zum Thema »Verwöhnen/Verziehen« statt. Die Liste ist noch lang, wir werden uns auch mit Sexualität, religiöser Erziehung und Normativität beschäftigen.

Viele Themen erfordern die inhaltliche Auseinandersetzung und Auffrischung, sind also mit zusätzlichem Zeitaufwand verbunden, was manchmal belastet. Aber der Aufwand lohnt sich, denn der Austausch mit den Eltern ist eine Bereicherung für mich. Außerdem ist es schön, dass sich durch die Elterngruppe viele Gesprächsanlässe im Kita-Alltag bieten. Für die Zusammenarbeit mit allen Eltern ist diese Gruppe eine enorme Bereicherung.

Ich hoffe sehr, dass wir in der Zukunft mehr Zeit finden, den Transfer zwischen Team und Elterngruppen auszubauen und Überlegungen, Fragen oder Diskussionsthemen, die in der Elterngruppe entstanden, auch im Team zu erörtern. Und umgekehrt.

Wie geht es weiter? Da es unser Anliegen ist, so viele Eltern wie möglich zu erreichen und für das Projekt zu gewinnen, freuten wir uns, dass sie die Themen in gemeinsamen Aktionen mit anderen Eltern besprachen. Seit einiger Zeit etabliert sich eine relativ feste Elternschaft, die an den Sitzungen teilnimmt und die Gruppe über den Projektzeitraum hinaus erhalten möchte.

Auf die Frage, warum sie Eltern die Veranstaltung empfehlen würden, antworteten die Mütter und Väter aus der Gruppe unter anderem:

- Weil ich etwas über Kinder gelernt habe und zum Nachdenken angeregt wurde.
- Weil die Veranstaltung den Horizont erweitert.
- Weil sie Einblick in Erziehungsarbeit vermittelt und hilft, mit anderen Eltern in Kontakt zu kommen.
- Weil wir Zeit außerhalb des Alltags finden, um uns und unsere Denkweisen zu reflektieren.
- Weil der Austausch hilft, denn man kann nicht alles wissen.

Intensive und offene Gespräche führten zu einem Gruppenprozess, der sich vielleicht verändern würde, wenn neue Eltern hinzukommen. Dann müssten wir uns auch damit auseinandersetzen, wie inklusiv unsere Gruppe sein kann und was wir tun könnten, um niemanden auszuschließen. Es könnte auch sein, dass wir andere Mütter und Väter aus dem Blick verlieren, wenn wir uns auf die Anliegen der Eltern beschränken, die jetzt in der Gruppe sind. All das ist zwar noch nicht genau abzusehen, aber auf jeden Fall eine interessante Herausforderung für die Zukunft.

## Reflexionsfragen

- Gehen wir vom beidseitigen Interesse an hoher Betreuungs- und Bildungsqualität in der Kita aus und laden Eltern ein, sich darüber miteinander und mit uns zu verständigen? (2.7.1.)
- Laden wir Eltern dazu ein, ihre Erziehungsvorstellungen vor dem Hintergrund ihrer Lebenssituation zu beschreiben und zeigen Verständnis für ihre Perspektiven? (2.7.2.)
- Schaffen wir einen Rahmen, in dem sich Eltern über ihre Erziehungsvorstellungen austauschen können? (2.7.5.)
- Bringen wir unsere Vorstellungen von Bildung und Erziehung in den Dialog mit den Eltern ein und begründen sie fachlich? (2.7.3.)
- Sprechen wir auch brisante Erziehungsthemen an, sofern sie für die Zusammenarbeit von Kita und Eltern relevant sind? Zum Beispiel: Sauberkeitsentwicklung, Sexualität, Geschlechtspräsentation[38], Religion, Selbstständigkeit, Umgang mit Konflikten, Ernährung, Essgewohnheiten. (2.7.4.)
- Achten wir auf die Einhaltung von Gesprächsregeln, damit auch gegensätzliche Vorstellungen zum Ausdruck gebracht und diskutiert werden können? (2.7.6.)
- Nehmen wir Befürchtungen und Fragen von Eltern ernst und lassen sie erleben, dass Unterschiede mit Respekt und Wertschätzung besprochen werden? (2.9.1.)

38 Die Geschlechtspräsentation (auch Gender Expression oder Geschlechtsausdruck) meint die Art und Weise, mit der eine Person ihr Geschlecht innerhalb einer vorhandenen Kultur / Gesellschaft darstellt und kommuniziert, z. B. durch Kleidung, Frisur, Körpersprache, (Spiel-)Verhalten, Wünsche und Interessen. Die Geschlechtspräsentation kann sich entweder mit den gesellschaftlichen Geschlechterrollenerwartungen decken (z.B. ein Mädchen mit Zöpfen, das sich gerne als Prinzessin verkleidet) oder auch nicht mit ihnen übereinstimmen (z. B. ein Junge mit Zöpfen, der sich gerne als Prinzessin verkleidet).

# 4. Familienkulturen wertschätzen und Zuschreibungen vermeiden

## Eine fiktive Teambesprechung

In einer Teambesprechung geht es um das Erziehungsverhalten von Eltern. Einigen Müttern und Vätern scheint es schwerzufallen, ihren Kindern Raum für mehr Eigenständigkeit zu geben, zum Beispiel den Eltern von Canan, deren Großeltern aus der Türkei nach Deutschland eingewandert waren.

Eine Erzieherin sagt: »Bei Canans Familie kann ich mir das erklären. Bei denen ist das kulturell bedingt. Sie sind in Vielem anders als wir.«

Die Kolleginnen nicken zustimmend und stellen ihre Positionen dar:

»Es ist uns wichtig, dass die Kinder mehr selbst entscheiden können.«

»Ja, Autonomie und Partizipation sind im Bildungsprogramm gefordert. Das müssen auch die Eltern einsehen.«

»Die Familie ist noch sehr traditionell. Aber es hilft nichts: Wenn die Leute in Deutschland leben, muss sich bei ihnen was ändern. Canan soll doch auch die Chance haben, in der Schule gut mitzukommen und einen Beruf zu erlernen.«

»Ja, sie müssen sich hier mehr integrieren. Wir sind eben nicht in der Türkei.«

»Wir kommen mit der Familie gut zurecht, die Eltern kümmern sich um Canan. Aber an diesem Punkt müssen sie sich den deutschen Verhältnisse anpassen.«

Solche Äußerungen repräsentieren eine Denkweise, bei der bestimmte, in Deutschland herrschende Vorstellungen von Erziehung als selbstverständlich für alle erachtet werden. Was steckt dahinter?

Die Äußerung »Bei denen ist das kulturell bedingt« weist auf einen Kulturbegriff hin, der

an Nationalität gekoppelt ist: die türkische Kultur. Eine Familie, die seit zwei Generationen in Deutschland lebt, wird in der Türkei verortet. Mit diesem Land verbinden die Erzieher_innen ein vermeintliches Wissen, das sich aus Informationen von anderen Menschen, aus Medienberichten und aus eigenen Erfahrungen zusammensetzt. Sie übersehen, dass dieses Wissen nur einen begrenzten Ausschnitt der Realität darstellt.

Diesen Ausschnitt bestimmt die Person, die die Formel »kulturell bedingt« – mehr oder weniger bewusst – verwendet. Sie entscheidet selektiv, was in ihre Vorerfahrungen und Denkmuster passt und was nicht. Was eine bestimmte Kultur ausmacht, ist also das Ergebnis einer Konstruktion. Zudem begreift sie Kultur als ein statisches Gebilde, als etwas

Unveränderliches, und übersieht, dass sich kulturelle Praktiken aller Familien aufgrund neuer Begebenheiten, Einflüsse und Einsichten fortwährend verändern – also auch die der Familie von Canan. Deutlich wird dies, wenn wir mit einem anderen Verständnis auf Kultur schauen und sie verstehen als »eine alltägliche soziale Praktik (...), durch die Bedeutungen und ‚kulturelle' Wissensbestände (re-)produziert werden, mit dem Zweck, die Welt sinnhaft wahrnehmen und ordnen zu können«.[39]

Vorurteilsbewusste Bildung und Erziehung bezieht sich in Anlehnung an die Cultural Studies auf eine Definition von Kultur als ein »Repertoire von Bedeutungsmustern und Zeichensystemen (Werte, Normen, Bräuche und andere Verhaltensregeln, allgemeine Wissensbestände und ‚Selbstverständlichkeiten', Traditionen, Rituale, Routinen, Glaubensvorstellungen, Mythen [...]), über das Gruppen oder Gesellschaften verfügen«.[40]

Was die Kultur von Menschen und Gruppen ausmacht, das ist also sehr viel differenzierter, komplexer und flexibler, als es die Verengung auf nationale Herkünfte hergibt.

Um den Blick zu weiten und für die Wahrnehmung der unendlichen Vielfaltsaspekte zu öffnen, verwenden wir im Ansatz der Vorurteilsbewussten Bildung und Erziehung den Begriff der Familienkultur. In einer Kita kommen Familien zusammen, die ihre jeweiligen Familienkulturen mitbringen. Unter dem nationalkulturellen Blick scheinen sich zwei Familien mit einem deutschen, weißen, großstädtischen Hintergrund nicht zu unterscheiden. Betrachten wir sie jedoch mit dem Verständnis von Familienkultur, können wir wahrnehmen, dass sie sich möglicherweise kulturell erheblich unterscheiden, etwa in ihren Lebensstilen, ihren politischen Ansichten, in ihrer Kindererziehung, in ihren Lebensprämissen, in den Essgewohnheiten und den dazugehörigen Ritualen.

Das gilt auch für die Menschen, die in dieser Kindereinrichtung arbeiten. Jede Institution, auch eine Kita, lebt eine bestimmte Kultur, die durch die Familienkulturen der in ihr Arbeitenden, durch gesellschaftliche Vorstellungen von dem, was Erziehung und Bildung bedeuten, durch fachliche Wissensbestände und Werte bestimmt ist.

»Sie sind in Vielem anders als wir«: In der Verengung des Kulturbegriffs auf nationale Herkunft entsteht ein Bild von der »türkischen Familie«, das mit Annahmen und Bewertungen aufgeladen wird. »Die Besonderung unter der Chiffre Kultur ermöglicht, diese fantasierte Gruppe als irgendwie andere zu bezeichnen, und das schafft die Voraussetzung dafür, sie in irgendeiner Weise anders zu behandeln.«[41]

---

39 Bostancı und İkiz 2013, 38
40 Leiprecht 2004, 16. Zitiert nach Bostancı und İkiz 2013, 37
41 Mecheril 2013, 5

Wir können also von einem Prozess der »VerAnderung«[42] sprechen. Er drückt den Vorgang der Bezeichnung und Ausgrenzung von Gruppen aus: Das »Eigene«, ein »Wir« wird konstruiert. Dieses »Wir« ist zwar oft nebulös, aber es entspricht immerhin dem, was wir als »normal« bezeichnen, schafft Vertrautheit und die Sicherheit, auf der »richtigen« Seite zu stehen. Mit Bezug auf Scherr[43] schreiben Seyran Bostancı und Dilek İkiz: »Als ‚anders'beziehungsweise ‚fremd' wird dann das wahrgenommen, was in der jeweiligen ‚eigenen' Ordnung nicht vorgesehen ist, was die Selbstverständlichkeiten einer vorhandenen – vermeintlich statischen – Ordnung in Frage stellt.«[44]

Mit VerAnderung sind Bewertungen verbunden. Das »kulturell« »Andere« wird als negativ oder minderwertig bezeichnet und dargestellt.[45] Das ist der Fall, wenn der »türkischen Familie« zugeschrieben wird, sie sei rückständig und nicht bereit, sich den deutschen Verhältnissen anzupassen. Bezugspunkt für die Bewertung ist dabei das »kulturell« »Eigene«, das wiederum auch eine Konstruktion ist. Die Praxis der VerAnderung vollzieht sich in einem Verhältnis, das durch Hierarchie und Machtungleichheit gekennzeichnet ist.[46] Das heißt, dass Angehörige der Mehrheitsgesellschaft die Möglichkeit besitzen, gegenüber Menschen, die der Minderheit angehören oder mit weniger Macht ausgestattet sind, definieren zu können, was als »richtig/angemessen« und was als »falsch/unangemessen« gilt. Auch in Kindertageseinrichtungen wirkt dieser Mechanismus, denn es besteht eine strukturelle Machtungleichheit zwischen den Angestellten dieser Institution und den Familien.

Der Mechanismus wird auch in Bezug auf andere Vielfaltsmerkmale wirksam. Ist die Kultur der Kita zum Beispiel heteronormativ[47] geprägt, dann ist es für gleichgeschlechtliche Eltern schwer, sich anerkannt und zugehörig zu fühlen. Orientieren sich Pädagog_innen einer Kita an bürgerlichen Bildungsvorstellungen, kann es passieren, dass Eltern mit Kompetenzen, die diesen Bildungsvorstellungen nicht entsprechen, nicht wahrgenommen werden. Gelten auch in der Kita körperliche, geistige und psychische Gesundheit und Leistungsfähigkeit als Norm, sind Kinder oder Erwachsene mit Behinderungen oder Beeinträchtigungen »anders« und werden wahrscheinlich bemitleidet.

---

42 Dies ist eine Übersetzung des Begriffs »Othering«, der von Gayatri C. Spivak (1985) ausgearbeitet und von Julia Reuter mit »VerAnderung« übersetzt wurde. Vgl. Bostancı und İkiz 2013, 50

43 Scherr 2002, 136ff.

44 Bostancı und İkiz 2013, 48

45 Vgl. ebd.

46 Vgl. ebd.

47 Heteronormativität: Weltsicht, wonach Heterosexualität als soziale Norm gilt, meist verbunden mit der binären Vorstellung von Zweigeschlechtlichkeit.

## Normalitätsvorstellungen hinterfragen

Was kann man tun, um nicht mehr auf der Basis unhinterfragter Normalitätsvorstellungen zu agieren? Einen Ausweg scheint der Ansatz der kultursensitiven Pädagogik zu bieten, der von einer Arbeitsgruppe um die Entwicklungspsychologin Heidi Keller entwickelt wurde. Dieser Ansatz erleichtert es, in der Arbeit mit Eltern ein Bewusstsein dafür zu schaffen, dass die Vorstellungen, Werte und Praktiken in der Erziehung von Kindern nicht universell sind. Nehmen wir wahr, dass andere Menschen es anders machen, haben wir die Möglichkeit, unsere Selbstverständlichkeiten und Normalitätsvorstellungen zu hinterfragen. Und wir haben die Chance, den eigenen gesellschaftlichen Kontext zu erkennen und dessen Begrenztheit zu begreifen. Nun können wir uns für Menschen öffnen, die einen anderen kulturellen Hintergrund haben als wir.

Heidi Keller und ihre Arbeitsgruppe definieren ihren Kulturbegriff als »von Menschen geteilte Deutungs- und Verhaltensmuster, die an ökonomische und soziale Ressourcen des Kontextes, in dem diese Personen leben, angepasst sind«.[48] Dabei beziehen sie sich nicht auf Nationen, sondern sprechen eher von »Lebensweisen«, die sie »kulturelle Kontexte« nennen. Sie formulieren den Anspruch, dass pädagogische Fachkräfte sich mit dem eigenen kulturellen Hintergrund auseinandersetzen und sich bewusst machen, welchen Einfluss er auf die eigene Entwicklung hat(te).[49] Darüber hinaus sei es erforderlich, »dass Erzieherinnen über Wissen hinsichtlich unterschiedlicher kultureller Kontexte und deren Bedeutung für das elterliche Verhalten verfügen«.[50] »Einzelne Aspekte und Verhaltensweisen (sollten) nicht vorschnell bewertet« werden.[51] Vielmehr komme es darauf an, eigene Sichtweisen zu überprüfen und einen Dialog mit Eltern zu führen, in dem es um das Verstehen-Wollen geht. Der Ansatz eröffnet die Möglichkeit, anzuerkennen, dass es unterschiedliche Vorstellungen von »Normalität« gibt.[52] Er lädt ein, die eigenen Selbstverständlichkeiten zu hinterfragen, um eine Öffnung zu ermöglichen.

In ihrer Arbeit bezieht sich die Arbeitsgruppe auf zwei soziokulturelle Orientierungen, die von Heidi Keller auf der Grundlage kulturvergleichender Forschungen ausgearbeitet wurden: Autonomie- und Verbundenheitsorientierung.[53] Die Gegenüberstellung, in der die Differenzen der beiden soziokulturellen Orientierungen hervorgehoben werden, ist nicht ganz unproblematisch. Keller betont zwar, dass beide Ausrichtungen in allen Kulturen existieren und relativiert damit dieses Konstrukt. Doch werden diese beiden Kategorien zur Unterscheidung herangezogen, wenn es darum geht, Verhalten von Familien zu deuten: »Bei Familien mit einem verbundenheitsorientierten Hintergrund spielen Hierarchien in Gruppen und Institutionen oft eine große Rolle. Demzufolge erwarten diese Familien im Gespräch von der Erzieherin eine direktive Ansprache und lassen sich nur ungern auf den dialogischen Austausch ein, weil sie ihn als unangemessen empfinden.«[54]
Die Einteilung von Familien in »autonomieorientierte« und »verbundenheitsorientierte«

48 Borke, Bruns u. a. 2012, 57. Die Verweise beziehen sich – wenn nicht anders angegeben – auf die Zeitschrift »Betrifft KINDER«, Heft 11-12/12 und Heft 1-2/13.
49 A. a. O. 2012, 55
50 Ebd.
51 A. a. O. 2012, 56
52 Ebd.
53 Vgl. Keller 2011
54 Borke, Bruns u.a. 2012, 57

birgt die Gefahr kulturalisierender Zuschreibungen, etwa indem Familien mit Migrationserfahrungen ohne Überprüfung dem verbundenheitsorientierten Modell zugeordnet werden.[55]

»Wissen« über die soziokulturellen Orientierungen wird für Einteilungen vereinnahmt, die wiederum die vorherrschenden Normen bestätigen. Darin liegt auch eine Verführung, die mit dominanzkulturellem Überlegenheitsdenken zusammenhängt, nämlich die Fehleinschätzung, über »die Anderen Bescheid zu wissen«. Dies bestärken die Autor_innen, wenn sie zum Beispiel vorschlagen, dass die Erzieher_innen sich Wissen über Erziehung »in anderen Ländern und Kulturen« aneignen.[56]

Gonzales-Mena problematisiert diesen Vorgang: »Mit Informationen über Kulturen und indem ich Menschen und ihr Verhalten als ‚kulturell' etikettiere, laufe ich Gefahr, die Stereotype zu bestätigen, die es über die Menschen bereits gibt, oder sogar neue zu schaffen.«[57]

55 Vgl. Wagner 2013b
56 Vgl. Borke, Bruns u. a. 2012, 55
57 Gonzales-Mena 2008, 22. Übersetzung aus dem Englischen: Fachstelle Kinderwelten.

Statt dass Angehörige pädagogischer Institutionen sich auf vermeintliches »Wissen über ‚deren Kultur'« zurückziehen, geht es für Mark Terkessides »um Wissensbestände, die sowohl auf den institutionellen Rahmen als auch auf die Lebenssituation von Individuen abgestimmt sind. Und da muss ich als Pädagoge aktuell etwas wissen über die Geschichte der Migration. Es geht (...) tatsächlich um die Umstände und die Lebenslagen der Einwanderung. Wie haben Leute hier gelebt, was haben sie im Prozess der Migration selbst wieder für Wissensbestände erworben?«[58]

Mit dem Ansatz der Vorurteilsbewussten Bildung und Erziehung gehen wir noch einen Schritt weiter: Wir nehmen die Bedingungen in den Blick, unter denen Menschen in dieser Gesellschaft leben. Dazu gehört auch, Macht- und Dominanzaspekte in den gesellschaftlichen Strukturen einzubeziehen. Mit Louise Derman-Sparks geht es uns nicht darum, Erklärungen und Gewissheiten über »die Anderen« zu gewinnen, sondern Fragen an uns selbst zu stellen, um die eigenen Selbstverständlichkeiten zu verstehen, sie in den gesellschaftlichen Kontext einordnen zu können und die eigene Position in der Gesellschaft zu erkennen.

58 Terkessidis 2013, 7

Janet Gonzales-Mena inspirierte uns zu einer Selbstreflexionsübung, bei der es darum geht, in der Begegnung mit Menschen, die wir als »anders« wahrnehmen, das »Eigene« zu erforschen.

## Anregung zur Selbstreflexion: Die eigenen Normalitätsvorstellungen hinterfragen

Wir denken und beurteilen stets vor dem Hintergrund unserer eigenen Erfahrungen und Bilder. Machen wir uns unsere Sicht auf die Welt, unsere Werte und Erfahrungen bewusst, beginnen wir, uns selbst, unsere Kultur und das System, in dem wir leben, zu verstehen. Das ist wichtig, um mit anderen Menschen in Kontakt zu treten und Verständnis für sie zu entwickeln. Andererseits können gerade Situationen, in denen wir Menschen begegnen, die sich anders verhalten als wir, Irritation, Verunsicherung oder sogar Empörung in uns hervorrufen und uns dadurch veranlassen, über unsere eigenen Erfahrungen, Werte und Überzeugungen nachzudenken.
Wir schlagen Ihnen vor, in der folgenden Übung die Chance zu nutzen, von Menschen zu lernen, die »anders« sind als Sie. Dadurch lernen Sie auch etwas über sich selbst und die Art, wie Sie die Dinge sehen und empfinden. Es geht darum, zu ergründen: Was sagt das, was ich über andere Menschen denke, über mich selbst aus?

Rufen Sie sich eine Familie aus Ihrer Kindergruppe ins Gedächtnis, die
… Ihnen irgendwie fremd ist,
… sich Ihrer Meinung nach ungewöhnlich verhält,
… Sie problematisch finden,
… bei Ihnen Unbehagen auslöst,
… bei Ihnen Ärger erregt,
… sich anders verhält, als Sie es »richtig« finden.

Machen Sie sich ein inneres Bild von dieser Familie:

- Was tut die Familie?
- Was tun die Eltern/Großeltern/andere Verwandte?
- Was (unter)lassen sie?
- Wie verhalten sie sich dem Kind gegenüber?
- Was finden sie wichtig?
- Was ist ihnen unwichtig?

Machen Sie sich dazu Notizen.

Bitte beachten Sie: Ihre Darstellung der Familie gibt Ihre persönliche Perspektive wieder. Sie sehen diesen einen Ausschnitt der Wirklichkeit von Ihrem Standpunkt aus. Und Sie bewerten, was Sie wahrnehmen. Das tun alle Menschen. Seien Sie sich jedoch darüber im Klaren, dass Ihre Bewertungen nicht universell, sondern lediglich Ihre eigenen sind, die Sie aufgrund Ihres besonderen kulturellen Hintergrunds treffen.

Wechseln Sie die Perspektive: Betrachten Sie nun sich selbst.
Benutzen Sie Ihre Beschreibung gleichsam als Spiegel:

- Was sagt das, was ich über die Familie festgestellt habe, über mich aus?
- Was hat das mit mir zu tun?
- Welche eigenen Werte werden mir deutlich?
- Warum habe ich diese Werte?
- Welche Erfahrungen verknüpfe ich damit?
- Was ist für mich »normal« und warum?
- Was sind meine kulturellen Hintergründe?

Bei dieser Reflexion geht es darum, systemisch zu denken und die gesellschaftlichen und historischen Bedingungen für unser Denken und Handeln einzubeziehen. Janet Gonzales-Mena beschreibt das so: »Indem du mit Menschen interagierst, die anders sind als du selbst, bekommst du einen Schlüssel zum Verständnis deines eigenen Systems. Wenn du erkennst, wonach dein System funktioniert, hast du eine bessere Grundlage für Entscheidungen, wie du gern leben möchtest. Du kannst dein System verändern, damit es besser für dich ist und dir erlaubt, besser mit anderen Menschen klarzukommen, die nicht so sind wie du.« [59]

59 Vgl. Gonzales-Mena 2008, S. 3

# Ulla Lindemann: Die Kulturküche

Ist es möglich, Zuschreibungen kritisch zu hinterfragen und daraus neue Handlungsmöglichkeiten abzuleiten? In einem Gespräch in der Kita Fuchsturmweg in Jena suchen eine Mutter, die Elternvertreterin ist, die Leiterin der Kita und Ulla Lindemann von der Fachstelle Kinderwelten nach Antworten:

Leiterin: Ab und zu treffen sich Eltern und ihre Kinder abends in der Kita, um gemeinsam zu kochen und zu essen. Wir nennen das »Kulturküche«. Gäste oder Erzieherinnen sind willkommen. Im Vorfeld wird gefragt, wer etwas kochen möchte. Diejenigen hängen die Einladung und eine Liste aus, was mitgebracht werden kann. Am verabredeten Abend sitzen Kinder und Erwachsene zusammen, schnippeln, unterhalten sich und bereiten das Essen zu. Beim Zwiebelschneiden tauschen die Eltern sich über Dinge aus, die sie sonst vielleicht nicht so leicht ansprechen würden, und die Kinder genießen das Zusammensein. Am Ende wird das Essen an der langen Tafel im Kinderrestaurant verspeist. Ich war auch schon dabei und finde, dass die Kulturküche eine Bereicherung ist.

Mutter: Es sind nicht immer die gleichen Leute da. Manchmal kommen auch neue Eltern. Gut ist, dass Eltern zu den Treffen einladen und die Erzieherinnen Gäste sind. So entsteht eine lockere Atmosphäre, in der man so leicht ins Gespräch kommt, als ob es zu Hause wäre und jemand sagt: »Kommt, wir machen was zu essen und sehen mal, wie es den anderen schmeckt.«

Leiterin: Angefangen hat es mit einer Mutter, von der wir dachten: Da sie mit uns Englisch spricht, kommt sie wahrscheinlich nicht so leicht in Kontakt mit anderen Eltern. Da könnte die Kulturküche eine Möglichkeit für sie sein, denn beim gemeinsamen Kochen ergibt sich immer was.

Mutter: Zuerst fanden wir es schwierig, Eltern, denen wir ihren indischen Hintergrund anzusehen glaubten, Eltern angemessen anzusprechen. Wir konnten ja nicht einfach hingehen und sagen: »Du siehst so aus, als könntest du ausländisch kochen.« Damit würden wir sie als Fremde ansprechen. Das wollten wir nicht.

Leiterin: Wir fanden, die Kulturküche könnte eine Möglichkeit sein, eher ruhige und zurückhaltende Eltern einzuladen und ihnen beim gemeinsamen Kochen das Gefühl der Zugehörigkeit zu vermitteln. Deshalb sollten auch keine stereotypen Nationalgerichte gekocht werden, sondern einfach Familiengerichte.

Ulla Lindemann: Wenn man eine Familie um ein »typisches Nationalgericht« bittet, verlangt man von ihr, eine ganze Nation zu vertreten und stereotype Erwartungen zu bedienen. So erfährt man kaum etwas über ihre konkreten Gepflogenheiten. Worauf kam es euch an? Wie seid ihr auf den Namen Kulturküche gekommen?

Leiterin: Wenn von Vielfalt die Rede war, suchten wir anfangs immer nach dem Besonderen – andere Herkünfte, andere Hautfarben – und wollten Eltern »anderer Herkunft« durch das Kochen in die Elternschaft holen. Wir sprachen sie auf ihre Besonderheit an und stellten sie dadurch heraus. Entsprechend reagierten sie abwehrend, denn sie wollten nicht auf eine »Nationalkultur« festgelegt werden. Da merkten wir, dass das der falsche Ansatz ist. Es war nicht unsere Absicht, Eltern vorzuführen, die angeblich »anders« sind, sondern es geht uns um alle Familien und um den wechselseitigen Austausch, in den die Eltern sich mit ihren individuellen Besonderheiten einbringen können.

Mutter: Jedenfalls geht es nicht um das Exotische. Darum haben wir auch gesagt, dass bei unseren Treffen keine Nationalgerichte gekocht werden sollen, sondern das, was wir üblicherweise zu Hause kochen. Eine Erzieherin hat dann ein schwäbisches Gericht gekocht. Ein ganz alltägliches Gericht, das wir aber nicht kannten.

Leiterin: Irgendwann merkten wir: Wir sind nicht von den Gemeinsamkeiten ausgegangen, sondern von den Unterschieden.

Ulla Lindemann: Es kann sein, dass Eltern mehr Unterstützung brauchen, weil sie die Sprache, die von der Mehrheit gesprochen wird, nicht sprechen und deshalb Kontaktschwierigkeiten haben. Unterschiede muss man nicht weg reden, aber die Gemeinsamkeiten sind die Basis: Alle Familien haben Kinder und bereiten Mahlzeiten zu – wie unterschiedlich sie das auch immer tun.

Leiterin: Wenn sich Eltern zum Beispiel aufgrund der Erfahrung, dass sie wegen ihres Aussehens nicht automatisch als dazugehörig gelten, zurückgewiesen fühlen, brauchen sie die Botschaft: Wir wünschen uns, dass ihr Teil der Gemeinschaft seid.

Mutter: Dafür war das Kochen ideal, denn dabei kommt man in Kontakt und kann daran anknüpfen. Gleich am nächsten Tag kann man sagen: »Das war schön gestern.« Und von diesem Punkt aus kann sich die Beziehung weiterentwickeln, wenn es gewünscht wird.

Leiterin: Für Eltern, die von weither kommen, neu in der Stadt sind und keine Kontakte haben, gehört die Kita ja zu den ersten Anlaufstellen. Da ist es hilfreich, von anderen Eltern angesprochen zu werden und zu hören: »Wir möchten mit euch in Kontakt treten und euch den Schritt ins Neue erleichtern.«

Ulla Lindemann: Gilt das nicht für jede Familie, die neu in die Kita kommt?

Leiterin: Der Mensch sieht eben erst mal das Besondere. Wenn es dann trotzdem zum Umdenken kommt ...

Mutter: Woher kommt es, dass wir Menschen uns in »wir« und »die anderen« einteilen? Begegne ich jemandem, den ich nicht kenne, schätze ich ihn irgendwie ein. Kommt eine Familie, die so aussieht wie unsere, bin ich erstmal sicher, weil ich davon ausgehe, dass die kulturelle Grundlage gleich ist. Das kann natürlich ein Irrtum sein. Hat eine Familie aber auf den ersten Blick einen »anderen« kulturellen Hintergrund für mich, gehe ich innerlich sofort auf eine andere Spur. Die Barriere zur Kontaktaufnahme ist höher, weil ich unsicher bin, ob ich nicht schon beim ersten Satz einen Fehler mache. Das gemeinsame Kochen brachte mich von dieser Spur fort, weil ich merkte: Die sind ja gar nicht so anders! Zwar waren mir manche Gerichte unbekannt, aber: Diese Mutter stellt sich genauso hin wie ich und kocht für ihre Familie.

Ulla Lindemann: Auf dem Tisch liegt ein kleines Kochbuch mit dem Titel »Kulturküche«. Schön, dass ihr die Rezepte aufgeschrieben und jeweils notiert habt: Wer hat gekocht? Wessen Mutter oder Vater ist das? Aber warum ihr das Treffen »Kulturküche« nennt, das verstehe ich immer noch nicht.

Leiterin: Schau doch mal ins Kochbuch! Die Seiten heißen »Tschechien«, »Nigeria«, »Spanien«, »Ukraine«, »Italien«...

Mutter: Da sieht man, dass wir noch an der Anfangsidee von der »fremden« Küche hängen. Wir wollten die Familie mit ihren Gerichten aufschreiben. Aber dann haben wir immer noch das Land dazugeschrieben.
Ulla Lindemann: Beim Kochbuch-Schreiben kanntet ihr den Begriff »Familienkultur« noch nicht. Die Grießklöße mit Erdbeeren gibt es bestimmt nicht nur in Tschechien, und Nudelvariationen kommen nicht nur in Italien auf den Tisch. Das Besondere sind die Namen der Eltern und Kinder. Interessant sind vielleicht auch die unterschiedlichen Namen ähnlicher Gerichte, denn diese Teigteilchen heißen in Russland Pelmeni und bei uns Maultaschen. Wäre das Kochbuch laminiert, könnten es sich auch die Kinder ansehen, würden sich freuen und sagen: »Das kochen wir gern bei uns zu Hause.«
Leiterin: Mein Resümee: Mit den Koch-Abenden für Kinder und Erwachsene haben wir ein Gemeinschaftserlebnis ermöglicht, das die Vielfalt der Familien sichtbar macht und alle willkommen heißt.

## Bianca Dahms und Evelyne Höhme: Unvoreingenommen auf Eltern zugehen

Vom erfolgreichen Bemühen, Zuschreibungen selbstkritisch zu reflektieren, weil Menschen nicht in unsere Vorstellung von »Normalität« passen, berichtet Bianca Dahms:
Seit ich in der Kita arbeite, fällt mir immer wieder auf, dass wir Eltern gegenüber Vorurteile haben. Stammen sie aus der Mittelschicht, vermuten wir, dass sie ihre Kinder abschieben, um Karriere zu machen. Beziehen sie Hartz 4, fragen wir uns: Warum bekommen sie gleich mehrere Kinder hintereinander? Sie sind doch zu Hause – warum müssen ihre Kinder so lange in der Krippe bleiben?
Eines Tages brachte mich eine Situation zum Nachdenken. In unserer Gruppe gab es einen Vater, der sich immer sehr zärtlich von seinem Sohn verabschiedete und mit ihm sprach wie mit einem Baby. Wir dachten: Wahrscheinlich kann er nicht akzeptieren, dass sein Sohn größer wird. Im Nachhinein bekamen wir jedoch mit, dass die Mutter des Jungen Alkoholikerin ist und ihm das Kind oft entzieht. Da schämte ich mich und beschloss, mich mit meinen Vorurteilen auseinanderzusetzen, um sie ablegen zu können.
Oft kennen wir die Gründe für elterliches Verhalten überhaupt nicht. Also sollten wir nicht besserwisserisch über die Eltern urteilen. Das wäre schon mal die Basis, um ein partnerschaftliches Verhältnis aufzubauen und das Vertrauen der Eltern zu gewinnen.

Als erstes nahm ich mir vor, mir nur eine Meinung über Eltern zu bilden, wenn ich die Gründe für ihr Verhalten kenne. Tauchte so eine Situation auf, sagte ich mir: Stopp, diese Mutter oder dieser Vater wird schon einen Grund für das Verhalten haben.
Ich war nie unvoreingenommen gegenüber Menschen, die Hartz 4 beziehen und viele Kinder haben. Um dies zu ändern, informierte ich mich, wie viel Geld eine Hartz 4-Empfängerin mit Kind bekommt. Mir wurde klar, dass gerade Eltern aus ärmlichen Verhältnissen viel leisten. Es ist nicht leicht, mit der Belastung zu leben, den Kindern wenig bieten zu können, und trotzdem jeden Tag das Beste aus dieser Situation zu machen.
Als ein Kind aus solch einer Familie sehr verschmutzt in die Kita kam, badete ich das Kind und wusch seine Sachen. Am Nachmittag suchte ich das Gespräch mit der Mutter und nahm mir vor, mich mit Ratschlägen zurückzuhalten. Im Gespräch kam heraus, dass der Mutter alles über den Kopf wächst. Sie hat wenig Geld, ist verschuldet, der ältere Sohn hat Probleme in der Schule, und der Vater der Kinder kümmert sich nicht. Dieses Gespräch rüttelte mich wach: Es stimmt einfach nicht, dass diese Eltern nichts tun und nur »auf der faulen Haut« liegen! Meine Achtung für die Mutter stieg. Obwohl sie eine große Last trägt, versucht sie im Rahmen ihrer Möglichkeiten, ihren Kindern gerecht zu werden.
Dieses neue Denken fällt mir noch schwer. Ein Weg, es zu lernen: Ich spreche die Eltern an, wenn ich das Gefühl habe, dass Vertrauen da ist, und frage sie, warum sie zum Beispiel gerade so wenig Zeit haben. So erfahre ich vielleicht etwas über ihr Leben und das Umfeld ihrer Kinder. Wenn ich das immer wieder mache, wird sich mein Denken verändern.
Im Team versuchen wir, die Eltern so nehmen, wie sie sind. Wir halten uns vor Augen, dass sie uns ihr Liebstes anvertrauen und nur das Beste für ihre Kinder wollen. Erzählen sie uns etwas – egal, ob positiv oder negativ –, hören wir erst mal zu und sind nicht gleich mit Ratschlägen bei der Hand. Das ist aber nicht immer leicht. Manchmal fallen wir doch ins alte Schema zurück. Trotzdem sind wir auf einem guten Weg.

# Andrea Rattay und Ulla Lindemann: Schweigen kann viele Gründe haben

Von ihren Erfahrungen in der Auseinandersetzung mit ihren Bildern und Zuschreibungen berichtet die Erzieherin Andrea Rattay. Es gelang ihr, ihre Vorstellungen von »chinesischer Kultur« in Frage zu stellen, weil sie mit den Eltern zweier Kinder ins Gespräch kam. Ihre Offenheit trug dazu bei, dass eine vertrauensvolle Beziehung zu den Eltern entstand und die neu in die Gruppe gekommenen Kinder sich leichter eingewöhnten.
Ihr Bericht zeigt: Eine fragende Haltung prägt inklusives professionelles Handeln, nicht die Haltung des Bescheid-Wissens.

Vor einiger Zeit kamen zwei neue Mädchen in unsere Gruppe, Zwillinge, deren Eltern in China aufgewachsen sind. Meine Kollegin und ich merkten, dass Lin und Mei ausgesprochen schüchtern und zurückhaltend waren. Wir überlegten, welche Ursachen das haben könnte, und vermuteten kulturelle Hintergründe. Außerdem mussten die Mädchen sich in einer ihnen noch unbekannten Umgangssprache zurechtfinden. Jedenfalls machten wir uns Sorgen, dass sie nicht ausreichend von unseren Angeboten profitieren könnten, deshalb in ihren Entwicklungschancen eingeschränkt wären und im kommenden Jahr womöglich in der Schule schlecht zurechtkommen würden, weil sie nicht zeigen können, was in ihnen steckt. In Gesprächen mit den Eltern wollten wir versuchen, uns Klarheit zu verschaffen und herauszufinden, wie wir den Mädchen helfen können.

Wir formulierten unsere Annahmen und Fragen und freuten uns, dass die Eltern unser Interesse wahrnahmen und sich vertrauensvoll äußerten. Sie berichteten, dass Lin und Mei in China im Kindergarten gewesen waren. Dort pflegte man teils schulische Formen, und die Erwartungen an die Kinder waren stärker leistungsorientiert. Daraus schlossen wir, dass die Mädchen möglicherweise mit Zurückhaltung reagierten, weil wir den Kindern in der Kita ermöglichen, in spielerischen Formen zu lernen.

Außerdem berichteten die Eltern über die unterschiedlichen Kulturen in China, bezogen auf Feste, die Religionen und die Sprachen. Eine einheitliche »Kultur der Zurückhaltung« gebe es nicht, erklärten sie. Allerdings spiele die Höflichkeit in China eine große Rolle. Dazu gehöre auch, andere Menschen nicht in Schwierigkeiten zu bringen.

Schließlich erzählten die Eltern, dass Lin und Mei noch andere Vornamen haben, die sie im Kindergarten aber nicht benutzen, weil sie sicherlich falsch ausgesprochen werden. Ihr Hauptgrund war aber: Sie wollten, dass die Mädchen im Kindergarten Deutsch miteinander sprechen, damit sie das gut lernen. »Chinesisch sprechen wir zu Hause«, sagten sie.

Nun ist es ein weit verbreiteter Irrtum, dass der aktive Gebrauch der Erstsprache das Erlernen einer zweiten Sprache erschwert. Wir erklärten den Eltern, was für eine Bedeutung die Familiensprache für die Identitätsentwicklung der Kinder und für ihre sprachliche Entwicklung hat – die Erstsprache ist quasi das »Betriebssystem« für die Entwicklung einer weiteren Sprache –, und konnten sie überzeugen, dass es sinnvoll ist, wenn Mei und Lin ihre Familiensprache zu Hause und im Kindergarten nutzen. Wieso sollten die Schwestern nicht miteinander in der Sprache kommunizieren, die sie mühelos beherrschen?

Nach dem Gespräch konnten wir die Situation der Zwillinge viel besser einschätzen. Unser ursprünglicher Gedanke, die »chinesische Kultur« hätte die Mädchen zur Zurückhaltung veranlasst, entpuppte sich als Vorurteil, und wir begriffen, in welch schwieriger Lage Lin und Mei steckten: Da waren die Unterschiede der Kita-Kulturen, die noch unbekannte Umgangssprache und das Gebot der Eltern, die Familiensprache in der Kita nicht zu verwenden, was die Mädchen im Alltag einschränkte. Gleichzeitig hatten sie von uns das entgegengesetzte Signal bekommen, weil wir der ersten Sprache der Kinder Platz in der Kita einräumen. Uns wurde klar: Es war kein Wunder, dass Lin und Mai verunsichert und schüchtern waren.

In den nächsten Wochen änderte sich das. Sprachen Mei und Lin anfangs noch leise miteinander und wandten sich nur selten an uns, erzählten sie bald mehr, sangen laut beim Spielen und forderten die Erfüllung ihrer Bedürfnisse zunehmend selbstbewusst.

Das Thema »Namen« entwickelte sich in dieser Zeit zum Selbstläufer, da auch andere Kinder und Eltern durch unsere Gespräche darauf aufmerksam geworden waren. Ein Junge und seine Mutter machten uns aufmerksam, wie der Name des Jungen auf Englisch richtig ausgesprochen wird. Einige Kinder hatten festgestellt, dass ihre Namen unterschiedlich ausgesprochen werden – je nachdem, wer sie sagt. Andere wollten lernen, die Namen ihrer Freunde so auszusprechen, wie es in deren Familiensprachen üblich ist. Das fiel ihnen dann übrigens leichter als uns Erwachsenen.

## Reflexionsfragen

- Finden wir angemessene Formen, um von den Eltern jedes Kindes zu erfahren, was ihre Familienkultur kennzeichnet und was sie ihrem Kind vermitteln wollen? Zum Beispiel Familiensprachen, sprachliche Praxis zu Hause, Religion, Migrationsgeschichte, Verwandtschaft, Freizeitverhalten, Erziehungs- und Wertvorstellungen, Familienkonstellationen, Gewohnheiten. (1.8.2.)
- Machen wir uns ein Bild davon, welche sozialen Gruppen in dieser Gesellschaft Ziel von Vorurteilen, Ausgrenzung und Diskriminierung sind? (3.11.1.)
- Tauschen wir uns mit den Eltern über ihre jeweiligen Vorstellungen von Gerechtigkeit und ihre moralischen Grundregeln aus? (3.9.1.)
- Vergewissern wir uns, dass die Elterngruppe ein Fundament von Gemeinsamkeiten hat, bevor Unterschiede thematisiert werden? (2.9.2.)

# 5. Wenn Kitakultur und Familienkulturen in Konflikt geraten

Konflikte zwischen Erzieher_innen und Eltern können viele Ursachen haben, zum Beispiel: Unterschiede in den Erziehungs- oder Glaubensvorstellungen, unterschiedliche Werte, Gewohnheiten oder Ansichten, die kaum miteinander vereinbar scheinen.
Jede Familie hat ihre spezifische Kultur. Das gilt auch für die Familien der pädagogischen Fachkräfte, die in der Kita arbeiten. Selbst jedes Kita-Team entwickelt seine eigene institutionelle Kultur, geprägt unter anderem durch den Träger, durch Bildungsprogramme und durch das, was die Fachkräfte in ihrer Ausbildung gelernt haben. Das sollten wir bedenken, um zu vermeiden, dass in der Kita Gültiges allgemeingültig wird und Werte, Sichten oder Ansichten anderer Menschen ausschließt. Außerdem müssen wir uns bewusst sein, dass sich Konflikte zwischen Kitakultur und Familienkulturen nicht im machtfreien Raum ergeben.

## Evelyne Höhme: Im Kontakt bleiben

Einem Konflikt zwischen pädagogischen Fachkräften und Eltern können nicht nur die strukturelle Machtungleichheit zwischen Kita und Eltern zugrunde liegen, sondern auch eine gesellschaftliche Machtungleichheit, die Menschen muslimischen Glaubens benachteiligt. In einer Krippe in Berlin-Kreuzberg, deren Team am Projekt Kinderwelten teilnahm, bemühen sich die Erzieherinnen intensiv um die Verbesserung des Verhältnisses zu den Eltern. Das Team besteht ausschließlich aus weißen Erzieherinnen mit deutschem Hintergrund, während die meisten Familien der Kinder ihre Wurzeln in der Türkei, im Libanon und in Palästina haben. Viele von ihnen sind praktizierende Muslime. Doch weil sie ihre Aufmerksamkeit auf Gemeinsamkeiten richteten, Brücken zueinander fanden und Vertrauen aufbauten, hatten das Team und die Eltern es geschafft, Fremdheitsgefühle abzubauen. In diese Atmosphäre guter Kontakte brach eine kurze, heftige Krise. Eine Erzieherin berichtet:

Nachdem sie ihre Kinder am Morgen gebracht hatten, standen einige Mütter vor der Kita und sprachen miteinander. Sie schienen aufgeregt zu sein. Ich trat ans offene Fenster und bekam mit: Die Mütter empörten sich darüber, dass wir den Kindern »heimlich Schweinefleisch geben«.Seit Jahren gibt es in den Kitas unseres Bezirks kein Schweinefleisch mehr, und wir kaufen die Wurst bei einem Lebensmittelhändler, dessen Ware den muslimischen Richtlinien entspricht. Enttäuscht dachte ich: Wie können diese Mütter so etwas sagen? Wir haben uns solche Mühe gegeben, Vertrauen aufzubauen! Plötzlich erschien mir alles sinnlos...

Ich wandte mich an meine Kollegin, um mir Luft zu machen. Nun schimpften wir auf dieser Seite des Fensters, und die Mütter schimpften draußen.

Nach einer Weile hielt ich inne. Ich dachte: Es darf nicht sein, dass jetzt alles kaputt geht! Also nahm ich meinen Mut zusammen und ging hinaus zu den Müttern. Weil ich so aufgeregt war, platzte ich ganz unprofessionell in ihre Unterhaltung. Erschrocken hielten sie inne und wandten sich mir zu. Sie sahen mir wohl an, dass ich erregt war, und hörten mir zu. Jedenfalls konnten wir die Angelegenheit klären und waren alle erleichtert, als das Vertrauen wiederhergestellt war.

Allerdings wurde mir im Nachhinein klar, dass es um das Vertrauen der Mütter in unsere Kita ging. Ständig hören sie nämlich, dass sie und ihre Familien in dieser Gesellschaft eine Minderheit sind, dass sie sich mit ihren Werten und Lebensweisen der Mehrheit anpassen müssen. Ich verstand, wie zerbrechlich Vertrauen ist, wenn die gesellschaftlichen Verhältnisse unsere Beziehungen mitbestimmen, denn als Krippen-Team haben wir ziemlich viel Macht, unsere Vorstellungen durchzusetzen. Nachträglich war ich froh über meine Entscheidung, die ich aus einem Impuls heraus traf.

## Soziokulturelle Werte der Familien berücksichtigen

Louise Derman-Sparks entwickelte ein Konzept, das pädagogischen Fachkräften hilft, in Konflikten mit Eltern auf Handlungsmöglichkeiten zurückzugreifen, die für beide Seiten – das Kita-Team und die Familien – zufriedenstellend und gewinnbringend sind. Derman-Sparks empfiehlt »Culturally Responsive Care«, also eine »Betreuung, die soziokulturelle Werte berücksichtigt«.[60] Geht es um kulturelle Differenzen zwischen Team und Familie, spricht Louise Derman-Sparks vom »Zusammenweben professioneller und familiärer Praktiken« im Gegensatz zu Entweder-oder-Lösungen. Ihr partnerschaftliches Konzept in drei Schritten[61] zielt darauf, eine Lösung zu finden, »die Sie in die Lage versetzt, die gesunde

Entwicklung aller Kinder und die Art und Weise, in der Familien ihre Kinder erziehen, zu unterstützen und dabei einzubeziehen, was Sie als professionelle Pädagoginnen wissen«.[62] Da die Lösung darin besteht, sich weder für die eine noch für die andere Option zu entscheiden, sondern etwas Neues, bisher so nicht Gedachtes zu kreieren, bezeichnet Louise Derman-Sparks sie als »dritten Raum« und argumentiert: »Wir müssen nicht alles über die verschiedenen Kulturen der Kinder wissen, mit denen wir arbeiten – wir können es auch nicht. Jede neue Situation (...) erfordert Strategien, um Wissen und Kenntnisse zu erlangen und Handlungsweisen für diese Situation zu entwickeln. Das ist ein fortlaufender Lernprozess. (...) Die entscheidende Herausforderung ist, offen zu bleiben, um von den Familien zu lernen, deren kulturelle Überzeugungen und Praktiken sich von unseren eigenen unterscheiden.«[63]

---

60 Die folgenden Ausführungen entsprechen einer zusammengefassten Übersetzung des Kapitels »Developing Culturally Responsive Caregiving Practices: Acknowledge, Ask and Adapt« von Louise Derman-Sparks in: Virmani/Mangione 2013, 68-94

61 Ebd.

62 Ebd.

63 Ebd.

## Schritt 1: Anerkennen

Der erste Schritt besteht darin, anzuerkennen, dass es soziokulturelle Differenzen gibt und dass sie ernst zu nehmen sind. Taucht ein Problem auf, ist eine eingehende Erkundung notwendig. Dies erfordert, sich bewusst zu sein, dass unsere pädagogischen Konzepte Teil unserer »kulturellen Vorstellungen« sind und demzufolge nicht mit allen Erziehungsvorstellungen oder -praktiken anderer Menschen zusammenpassen. Doch nicht alle kulturellen Differenzen führen zwangsläufig zu Konflikten. Es gibt fast immer Lösungsmöglichkeiten. Folgende Überlegungen können hilfreich sein:

- Gestehe dir ein, dass eine kulturelle Differenz oder ein Konflikt zwischen dir und der Familie bestehen kann. Überprüfe Gefühle wie Unbehagen, Ärger oder Frustration, die diese Situation möglicherweise in dir auslöst, und nimm dir Zeit, dich damit zu befassen. Vermeide die vorschnelle Zuschreibung, dass die Art und Weise, in der die Familie agiert, das Problem ist.
- Teile der Familie mit, dass es etwas gibt, worüber du mit ihr sprechen möchtest. Vereinbare eine Zeit und einen Ort für die Besprechung. Zeige deinen Respekt, indem du deine (Für-)Sorge deutlich machst und bereit bist, dich auf die Möglichkeiten der Eltern einzustellen.
- Mach dir deine eigenen kulturellen Überzeugungen bewusst, die der Situation zugrunde liegen, und sprich sie aus. Kläre, welche Gefühle dich in der Situation bewegten. Je besser du deine Reaktionen verstehst, desto klarer kannst du dich im Gespräch mit der Familie äußern.

## Schritt 2: Nachfragen

Im Gespräch geht es zum einen darum, Informationen zu sammeln, also etwas über die speziellen kulturellen Vorstellungen, Überzeugungen und Werte der Familie zu erfahren. Zum anderen musst du prüfen, was du aufgrund deiner Ausbildung und bezogen auf den Gesprächsanlass für sinnvoll hältst. Lege dich nicht zu schnell fest, sondern sammle so viele Informationen wie möglich. Folgendes Vorgehen kann hilfreich sein:

- Finde möglichst viel darüber heraus, wie die Familie die Angelegenheit, die dich beunruhigt, sieht und wie sie damit umgehen würde. Stelle Fragen und beobachte Interaktionen der Eltern mit ihrem Kind in der Kita und, wenn möglich, auch zu Hause. Die Bandbreite deiner Fragen sollte groß sein. Hüte dich vor Vorannahmen über die Überzeugungen und Werte der Familie. Hör aufmerksam zu und achte darauf, die Familie nicht in eine defensive Haltung zu drängen.

- Nimm dir Zeit, darüber nachzudenken, was du im Gespräch mit der Familie erfahren hast. Frage dich, wie es dir mit dem, was du über die Sichtweise und die Handlungen der Familie erfahren hast, geht. Es kann sein, dass du im Team oder mit deiner Leitung darüber sprechen möchtest. Möglicherweise brauchst du mehr Informationen.

## Schritt 3: Sich aufeinander einstellen

Das ist der Schritt der Problemlösung, bei dem du alle Informationen zusammenträgst, die du gesammelt hast. Das Ziel ist, die wirksamste Art zu finden, um die Entwicklung des Kindes zu unterstützen – und zwar unter Berücksichtigung der jeweiligen Besonderheiten. Folgendes Vorgehen kann hilfreich sein:

- Achte darauf, dass alle an der Problemlösung teilhaben. Übernimm die Initiative: Lade die Familie ein, den besten Weg für ihr Kind zu finden. Versichere dich, dass du und die Familie Klarheit über das betreffende Problem haben. Erkläre der Familie, dass es deine Absicht ist, herauszufinden, ob eine Lösung gefunden werden kann, die dem Wohlbefinden des Kindes dient und beide Seiten zufriedenstellt.
- Ermögliche im Gespräch, dass verschiedene Ideen geäußert werden. Suche dabei nach Gemeinsamkeiten. Sei geduldig und achte darauf, dass keine feindseligen oder abwertenden Töne aufkommen.
- Bemühe dich um eine gemeinsame Lösung, die dem Wohlbefinden des Kindes dient und beide Seiten zufrieden stellt.

# Evelyne Höhme: Gemeinsam einen dritten Raum finden

Im folgenden Beispiel beschreibt Evelyne Höhme eine Vorgehensweise nach dem Konzept von Louise Derman-Sparks:

In der Berliner Kita Brittendorfer Weg trägt ein Kind eine Kette mit einem Amulett. Die Erzieherin befürchtet eine Unfallgefahr und bittet die Mutter, das Amulett zu entfernen, wenn das Kind sich in der Kita aufhält. Darauf reagiert die Mutter mit den Worten: »Nein, das ist unmöglich! Mein Kind muss das Amulett unbedingt tragen.«

Früher hätte die Erzieherin auf die Abwehr der Mutter vermutlich anders reagiert. Sie hätte versucht, ihren Standpunkt deutlich zu machen und die Mutter zu überreden: »Wissen Sie, das Amulett an der Kette ist eine Gefahr für Ihr Kind. Sie möchten doch auch, dass es mit den anderen Kindern uneingeschränkt spielen kann. Um die Sicherheit der Kinder in der Kita zu gewährleisten, gibt es Regeln, an die sich alle halten müssen. Ich gebe Ihnen eine Broschüre von der Unfallkasse mit. Lesen Sie sich das mal durch. Haben Sie verstanden, worum es mir geht?«

Vielleicht hätte die Mutter in diesem Moment nachgegeben, wäre jedoch verzweifelt gewesen, weil sie auf den Schutz des Amuletts für ihr Kind nicht verzichten kann. In der Realität geschah jedoch Folgendes:

Die Erzieherin sprach mit der Mutter über das Problem, aber die Mutter äußerte sich abwehrend. Dies veranlasste die Erzieherin, innezuhalten und anzuerkennen, dass ein Konflikt vorlag, der durch das Drängen auf die Verhaltensänderung der Mutter nicht zu lösen war. Dass sie so heftig reagierte und nicht bereit war, der Aufforderung nachzukommen, gab der Erzieherin zu denken. »Frau Sokolow hat offensichtlich ganz andere Vorstellungen als ich. Was ich gefährlich finde, ist für sie normal und selbstverständlich«, sagte sie ihrer Kollegin und überlegte: »Warum ist es mir so wichtig, dass Adam das Amulett nicht in der Kita trägt? Weil ich mich unsicher fühle, denn ich habe Sorge um das Kind. Ich möchte nicht verantwortlich sein, wenn etwas passiert. Außerdem gibt es Richtlinien, an die ich mich halten muss.«

Andererseits war der Erzieherin klar, dass sie nicht einfach bei dem bleiben konnte, was sie dachte. Sie musste sich eingestehen, nicht viel über den Hintergrund von Adams Familie zu wissen: »Ich möchte herausfinden, warum es der Mutter so wichtig ist, dass Adam das Amulett nicht abnimmt. Was hat es überhaupt mit dem Amulett auf sich?« Sie war bereit, auf die Mutter zuzugehen, und nahm sich vor, Frau Sokolow zu fragen.

Einige Tage später ergab sich beim Abholen eine Gelegenheit, und die Erzieherin sprach die Mutter an. Sie erfuhr, dass das Amulett einen Schutzheiligen repräsentiert, der in Frau Sokolows Religion hohe Bedeutung hat und ihr die Gewissheit gibt: Mein Kind ist geschützt. Der Erzieherin war nun klar: »Wenn ich von Frau Sokolow verlange, dem Jungen das Amulett abzunehmen, bringe ich sie in eine ganz schwierige Situation, denn sie ist davon überzeugt, dass es ihr Kind schützt. Aber ich kann Adams Sicherheit nur gewährleisten, wenn er das Amulett nicht trägt. Uns beiden geht es um die Sicherheit des Kindes! Würde ich versuchen, die Mutter zu überzeugen, dann würde ich sie unter Druck setzen. Vielleicht tut sie, was ich sage, fühlt sich aber ganz schlecht dabei. Andererseits: Ich habe in der Kita die Macht zu bestimmen, was passiert, könnte dem Jungen das Amulett einfach abnehmen und es ihm wieder umhängen, bevor er abgeholt wird. Aber will ich das? Außerdem bekommt Adam das mit und erhält die Botschaft, dass das, was in seiner Familie wichtig ist, in der Kita nicht akzeptiert wird. Das muss sich negativ auf sein Selbstwertgefühl auswirken, geht also nicht. Denn ein Kind kann sich nur wohl und zugehörig fühlen, wenn auch seine Familie mit dem, was sie mitbringt, bei uns einen Platz hat.«
Also beschloss die Erzieherin, sich mit der Mutter zu verabreden. Sie wusste, dass es in dem Gespräch nicht darum gehen konnte, Argumente und Gegenargumente auszutauschen. Aber sie hoffte, mit der Mutter einen »dritten Raum« zu finden, eine Lösung, mit der beide Seiten zufrieden sein würden.
Das Gespräch begann sie mit den Worten: »Als wir neulich über das Amulett sprachen, verstand ich erst richtig, was es für eine Bedeutung für Sie hat. Mir wurde klar: Ich kann nicht von Ihnen verlangen, Ihr Kind ohne Amulett in die Kita zu bringen.« Die Mutter war erleichtert. Als die Erzieherin ihr erklärte, sie finde es nach wie vor gefährlich, dass Adam das Amulett am Hals trägt, sagte die Mutter ängstlich: »Aber mein Kind braucht das Amulett!« Darauf die Erzieherin: »Ja, das verstehe ich. Aber vielleicht finden wir eine Möglichkeit, die für uns beide akzeptabel ist. Haben Sie eine Idee?« Die Mutter überlegte und meinte dann: »Ich könnte mir vorstellen, das Amulett an Adams Gürtel zu befestigen. Oder er steckt es in die Hosentasche.« Erfreut ging die Erzieherin darauf ein: »Das ist eine gute Idee! Ich erzähle es meiner Kollegin, damit wir dafür sorgen, dass das Amulett auch an Adams Körper ist, wenn er schläft.« Zufrieden und erleichtert verabschiedeten sich die Frauen voneinander.

## Reflexionsfragen

- Nehmen wir Befürchtungen und Fragen von Eltern ernst und lassen sie erleben, dass in der Kita Unterschiede mit Respekt und Wertschätzung besprochen werden? (2.9.1.)
- Bemühen wir uns darum, herauszufinden, welche Verhaltensweisen in den Kooperationsbeziehungen mit Eltern Hinweise auf verinnerlichte Dominanz und Unterdrückung geben? (3.11.7.)
- Stellen wir bei Alltagsproblemen in der Kita die Verbindung zu den Auswirkungen institutionalisierter Diskriminierung her? (3.11.8.)
- Machen wir uns bewusst, welche Haltungen oder Gefühle uns davon abhalten, bei diskriminierenden Äußerungen und Verhaltensweisen von Kindern, Eltern und Kolleg_innen einzugreifen? (4.10.2.)

# 6. Mit der Vielfalt der Familiensprachen wertschätzend umgehen

Kinder sollen die Erfahrung machen können, dass alle Menschen so, wie sie sind, respektiert werden. Das gilt auch für sie und ihre Familien. Darüber hinaus ist es für das Wohlbefinden von Kindern wichtig, sich als jemand Besonderes wahrnehmen und die Gewissheit haben zu können, dass sie dazugehören. Da die Ich-Identität von Kindern eng mit ihrer Zugehörigkeit zu ihrer wichtigsten Bezugsgruppe, der Familie, zusammenhängt, ist es für ihre Entwicklung förderlich, wenn sie wertschätzende Botschaften über ihre Familien erhalten.
Vielfalt bereichert unser Leben und bringt uns in unserer Entwicklung voran. Davon geht die inklusive Pädagogik aus. Allerdings existiert Vielfalt nicht in einem wertfreien Raum. Vor dem Hintergrund bestehender Hierarchien in unserer Gesellschaft unterliegen Vielfaltsaspekte starken Bewertungen.
In diesem Kapitel geht es um den Vielfaltsaspekt Sprache. Die folgenden Beispiele belegen, was zu unserer gesellschaftlichen »Normalität« gehört: Es gibt Sprachen, die einen hohen Wert haben und deren Kenntnis empfohlen wird. Und es gibt Sprachen, deren Verwendung entgegengewirkt wird, weil sie als problemhaft gelten. Kinder nehmen diese Bewertungen wahr, wenn Erwachsene in ihrem Umfeld sie äußern. Deshalb sollten pädagogische Fachkräfte ihre eigenen Bewertungen reflektieren und die Eltern der Kinder einbeziehen.

## Andrea Rattay und Ulla Lindemann: Sich für die Familiensprachen interessieren

Wie können Kinder wahrnehmen, dass ihre Familiensprachen geschätzt werden? Andrea Rattay berichtet, wie es gelang, die Sprachenvielfalt im Kitaalltag hörbar werden zu lassen und diesen Vielfaltsaspekt auch mit den Eltern zu thematisieren:

Als wir eine CD mit Liedern produzierten, waren die Eltern neugierig und freuten sich, dass wir alle Sprachen einbezogen. Danach wollten wir mehr über die Sprachen der Familien wissen, über die Erfahrungen mehrsprachiger Mütter und Väter. Außerdem wollten wir die Eltern fragen, wie sie es finden, wenn wir uns in der Kita damit beschäftigen.
Meine Kollegin und ich führten Gespräche mit Eltern, und zwar nicht nur mit den mehrsprachigen, sondern auch mit den einsprachigen Müttern und Vätern, weil wir wirklich alle einbeziehen wollten. Folgende Fragen leiteten uns bei den Gesprächen:

- Welche Familiensprachen werden gesprochen?
- Wo und in welchen Situationen erleben die Kinder diese Sprachen?
- Werden auch Dialekte gesprochen?
- Welche Erfahrungen mit Mehrsprachigkeit gibt es in den Familien?
- Wie finden die Eltern es, wenn wir das Thema »Mehrsprachigkeit« mit den Kindern als eine Facette von Vielfalt aufgreifen?

In den Gesprächen reagierten alle Eltern offen, freuten sich über unser Interesse und berichteten gern. Das Ergebnis überraschte uns, denn uns war nicht klar gewesen, welche Sprachenvielfalt es in unserer Kindergruppe gibt, welche Fülle an Erfahrungen bei Kindern und Eltern: In zwölf von 25 Familien werden zwei Sprachen gesprochen. In einer Familie werden drei Sprachen gesprochen. Die Sprachen werden in einigen Familien gleichwertig gesprochen, doch oft ist Deutsch die Hauptsprache. Nicht alle Kinder sind ständig in Verbindung mit diesen Sprachen. Manche hören sie nur im Urlaub oder bei Familienbesuchen. Es gibt 14 verschiedene Familiensprachen: Spanisch, Polnisch, Jugoslawisch, Türkisch, Chinesisch, Kurdisch, Arabisch aus dem Libanon, Hocharabisch, Rumänisch, Russisch, Französisch, Italienisch, Portugiesisch und Deutsch. In vier Familien wird ausschließlich eine andere als die deutsche Sprache gesprochen. Deutsche Dialekte werden nicht gesprochen, aber ein arabischer und ein chinesischer Dialekt.
Als wir uns die in den Gesprächen notierten Aussagen der Eltern genauer ansahen, merkten wir, dass viel Positives im Zusammenhang mit Mehrsprachigkeit geäußert wurde: gute Erfahrungen, Interesse, Selbstverständlichkeit.
Eltern aus mehrsprachigen Familien berichteten über ihre Erfahrungen mit dem mehrsprachigen Alltag. Eine Mutter: »Ich spreche mit unserem Sohn Deutsch, der Vater Spanisch. Silvio versteht zwar alles, was der Vater sagt, aber er antwortet nur auf Deutsch. Mal sehen, vielleicht kommt das mit dem Spanischen noch.« Ein Vater: »Unsere ältere Tochter besucht

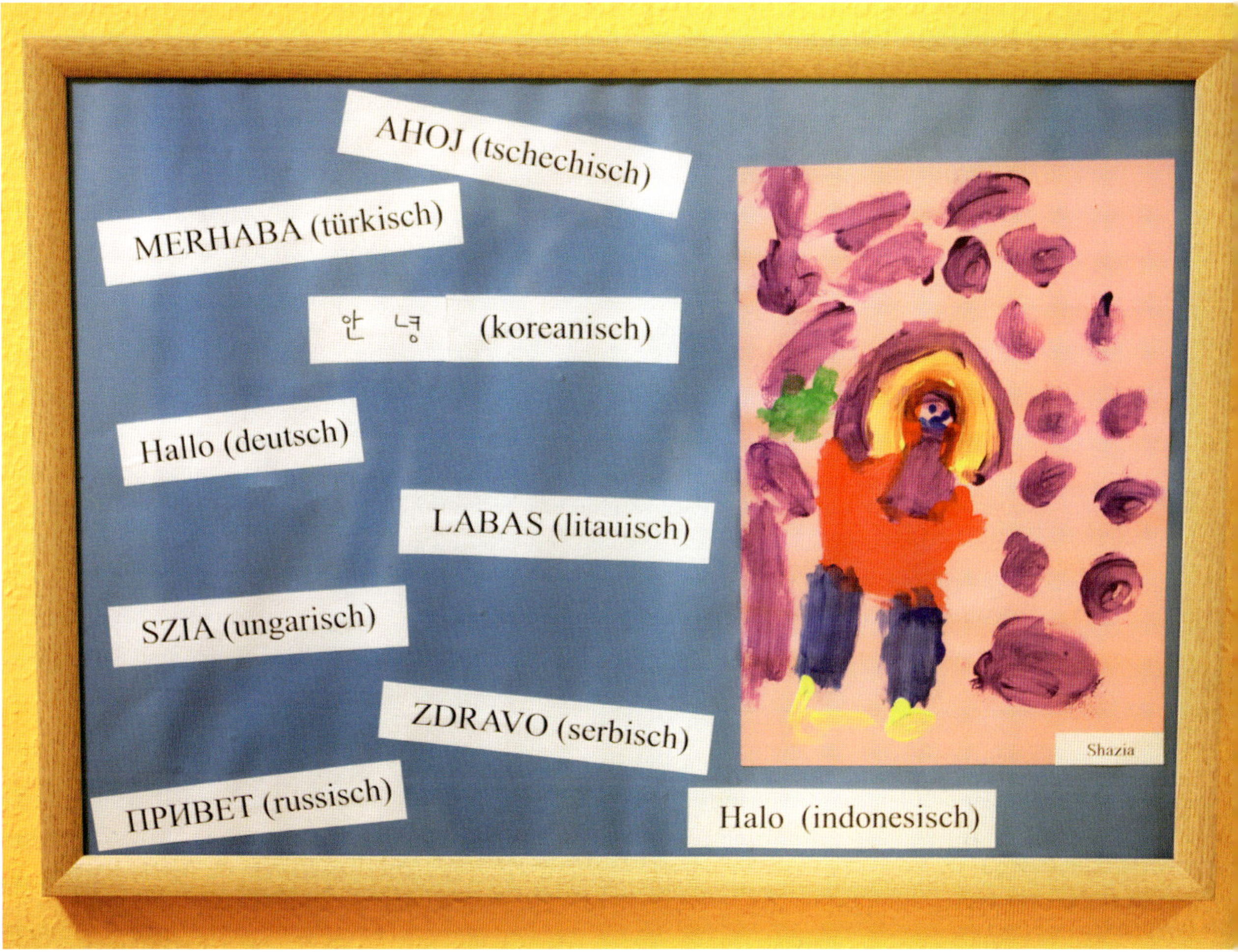


die Russische Schule und lernt dort Russisch. Das klappt sehr gut.« Eine Mutter: »Über Mehrsprachigkeit habe ich noch nie nachgedacht. Sie ist für uns selbstverständlich.«
Einige mehrsprachige Eltern fanden es sinnvoll, das Thema »Mehrsprachigkeit« in der Kindergruppe aufzugreifen, weil die Kinder dann etwas über andere Sprachen erfahren. Eine Mutter: »Arabisch ist eine schwere Sprache, viel schwieriger als Deutsch. Und es gibt sehr viele Dialekte. Mein Mann spricht Hocharabisch.«
Auch einsprachige Eltern interessierten sich für Mehrsprachigkeit als Bildungsangebot. Eine Mutter, deren Sohn mit Französisch und Englisch aufwächst: »Ich würde mich freu-

en, wenn mein Sohn im Kindergarten verschiedene Sprachen lernen könnte.« Eine Mutter: »Ich würde es begrüßen, wenn Sie sich mit der Mehrsprachigkeit der Kinder beschäftigen, da meine Tochter eine solche Auseinandersetzung mit Vielfalt wahrscheinlich nur im Kindergarten erleben kann.«

Andererseits wurde deutlich, dass zahlreiche Eltern Bedenken hatten, die Familiensprachen im Kita-Alltag einzubeziehen. Ein Vater: »Uns ist es wichtig, dass die Mädchen im Kindergarten Deutsch miteinander sprechen. Chinesisch sprechen wir zu Hause. Sie sollen in der Kita Deutsch lernen.« Eine Mutter: »Bei uns wird in erster Linie Deutsch gesprochen. Das Italienische ist für uns zweitrangig, weil unser Sohn in Deutschland groß wird und hier zurechtkommen muss. Vor allem in der Schule.« Eine Mutter: »Ich befürchte, dass das Deutsch meiner Tochter in der Schule nicht ausreicht, weil wir zu Hause nur Russisch sprechen.«

Zwar ist die Mehrsprachigkeit der Kinder eine besondere Kompetenz und ein Reichtum, aber es stellte sich heraus, dass es eine zweite Seite gibt: Mehrsprachigkeit von Kindern wird in der Gesellschaft oft als Problem gesehen und auch so behandelt. Kein Wunder, dass Eltern Botschaften vernehmen wie: »Wenn ihr zu Hause mit euren Kindern in der Familiensprache sprecht, ist das schlecht fürs Deutschlernen.« Oder: »Es wirkt sich später negativ aus, wenn sich der Kindergarten nicht ausschließlich um das Erlernen der deutschen Sprache kümmert.« Dass das Gegenteil der Fall ist, hat sich noch nicht herumgesprochen.

Gerade deshalb nahmen wir uns vor, den Eltern zu erläutern, wie bedeutungsvoll es für die Identität und die sprachlichen Fähigkeiten ihrer Kinder ist, wenn sie zu Hause mit ihnen in ihren Familiensprachen sprechen. Wir wollten deutlich machen, dass wir Erzieherinnen die Entwicklung der Kinder unterstützen, wenn wir ihren Sprachen in der Kita Raum geben. Und wir wollten die Eltern bitten, uns dabei zu helfen, indem sie im Kindergarten aus Büchern in ihren Sprachen vorlesen, denn das würde den Kindern gefallen. All das könnte dazu beitragen, hofften wir, dass die mehrsprachigen Familien diese Kompetenz nicht als Problem, sondern als Schatz begreifen.

## Mehrsprachigkeit

Mehrsprachig sind Menschen, die sich in mehr als einer Sprache bewegen, sich also bilingual, trilingual oder multilingual verständigen können. Mehrere Sprachen können gleichzeitig oder zeitlich versetzt erlernt werden. Darüber hinaus bezeichnet Mehrsprachigkeit auch die Anwendung und Geltung mehrerer Sprachen in einer Einrichtung oder an einem Ort.

Erlernt ein Mensch die zweite Sprache nicht parallel zur ersten Sprache, sondern etwas später, aber in einem Sprachraum, in dem er die zweite Sprache erlebt, spricht man von Zweitspracherwerb. Ist die Sprache in der Lernumgebung nicht präsent, sondern wird für eine zukünftige Verwendung an einem anderen Ort gelernt, so spricht man von Fremdspracherwerb.

Beim Zweitspracherwerb beziehen sich Kinder immer auf ihre vorhandenen sprachlichen Kompetenzen in der Erstsprache: auf die gewohnten Laute, die ersten Wörter, den Satzbau. Diese Verbindung ist Teil ihrer Kompetenz, also keine Störung, die möglichst schnell unterbunden werden sollte.

Kinder müssen Wertschätzung für ihre Erstsprachen erfahren und für das, was sie leisten, wenn sie eine zweite Sprache erlernen. Haben Sprachen einen schwachen gesellschaftlichen Status oder werden gar abgelehnt, nehmen Kinder dies häufig als Ablehnung ihrer Person und Bezugsgruppe wahr, was ihr Lernen erschweren kann.

Für zweisprachige Kinder sind bilinguale pädagogische Ansätze sinnvoll, doch davon gibt es nur wenige. Hilfreich ist es, Mehrsprachigkeit so zu nutzen, dass sie für alle Kinder zum interessanten Feld sprachlicher Entdeckungen wird: Erik ist ein Name – und wenn du auf Türkisch »erik« sagst, heißt das Pflaume! Dieses Wechselspiel zwischen Lauten und Bedeutungen schult das metasprachliche Bewusstsein, regt das Nachdenken über Sprache und sprachliche Phänomene an, das für das Lesen- und Schreiben-Lernen unerlässlich ist.[65]

65 Aus: Wagner/Lindemann 2008

# Ulla Lindemann: Mit jeder neu gelernten Sprache bekommst du eine neue Seele[66]

Die Pädagogin Alena Ipatova aus der Kita »Regenbogen« in Jena berichtet vom Aufbau einer bilingualen Gruppe mit den Sprachen Deutsch und Russisch. Die Leiterin und zwei weitere Erzieherinnen der Kita ergänzen Erfahrungen und Sichtweisen aus ihrer Perspektive:

Über einen Zeitraum von drei Jahren führte Alena Ipatova ein Tagebuch, in dem sie die Entwicklung der bilingualen Gruppe festhielt. Es enthält unter anderem die Ziele und den Weg des Aufbaus, Aussagen von Kindern über den zweisprachigen Alltag in der Kita, die Arbeit mit der Persona Doll Alina und umfangreiches Material, das für die Eltern entstand, um sie über das Projekt und über Fragen der Mehrsprachigkeit zu informieren.

Wie begann der Aufbau der bilingualen Gruppe in der Kita Regenbogen? Es waren persönliche und berufliche Interessen, die die russischsprachige Erzieherin Alena Ipatova zum Aufbau einer deutsch-russischen Gruppe motivierten. Als Migrantin mit der Erstsprache Russisch stellte sie fest, dass es kaum bilinguale Einrichtungen für ihre eigenen Kinder gibt. Als Pädagogin wollte sie ihre sprachliche und fachliche Kompetenz im Kitabereich einbringen und bewarb sich um eine Stelle, die zum Aufbau einer deutsch-russischen Gruppe beim Kitaträger »Kommunale Kindertagesstätten Jena« ausgeschrieben war.

In den zehn Einrichtungen dieses Trägers gab es bereits deutsch-englische und deutsch-spanische Gruppen. Die Idee, in der Kita Regenbogen eine deutsch-russische Gruppe zu eröffnen, lag nahe, weil im Umfeld viele Familien mit russischer Familiensprache leben und das Team sich ohnehin für Sprache und Mehrsprachigkeit interessiert.

Nachdem die Kita-Leiterin zugestimmt hatte, wurde Alena Ipatova gebeten, ein Konzept zur pädagogischen Arbeit und Kooperation mit Eltern zu entwickeln. Alle Beteiligten betrachteten es als Glücksumstand, dass sich die Interessen des Trägers und der Kita mit den Kompetenzen und Anliegen von Alena Ipatova verbanden. Sie erinnert sich: »Ein Grund für meine Entscheidung war sicher, dass ich Sprachen und besonders meine Muttersprache Russisch liebe. Diese Liebe wollte ich gern weitergeben. Außerdem ist mir Mehrsprachigkeit vertraut, denn ich habe zwei Kinder, die zweisprachig aufwachsen. Ich war sicher, dass ein bilingualer Alltag interessant und schön für die russischsprachigen und für die deutschsprachigen Kinder ist. Aber für die russischsprachigen Kinder und ihre Eltern fühlte ich

66 Ein Sprichwort aus Tschechien, das Alena Ipatova fand, wurde zur Überschrift dieses Beitrags.

mich besonders verantwortlich. Ich wollte dazu beitragen, dass ihr Leben leichter wird.« Die Leiterin begrüßte die Idee, eine deutsch-russische Gruppe aufzubauen. Allerdings wollte sie nichts überstürzen, denn sie hatte gehört, dass es in anderen Einrichtungen Schwierigkeiten mit Eltern gegeben hatte. Deshalb wollte sie der Elternschaft nichts überstülpen, sondern der Veränderung Zeit einräumen. Auch im Nachhinein findet die Leiterin diese Entscheidung richtig und erklärt: »Alena und ich hatten uns Gedanken darüber gemacht, wie wir alle Eltern ins Boot holen können, damit sich niemand übergangen fühlt. Außerdem wollten wir dafür sorgen, dass niemand – weder die Eltern noch unser Team – Anfeindungen erlebt, denn ich muss leider sagen, dass es noch heute Vorurteile über die russische Sprache gibt. Das hat mit der DDR-Geschichte zu tun.«

Zunächst wurden die russischsprachigen Eltern zu einem Elternnachmittag eingeladen und bestärkt, daheim ihre Muttersprache zu pflegen, weil das für die Entwicklung der Kinder wichtig ist. Die Erzieherinnen machten deutlich, dass die Kinder dadurch in ihrer Identität gestärkt werden. Darüber hinaus wird die Entwicklung ihrer Erstsprache kognitiv und sprachlich unterstützt. Das ist notwendig, um auf dieser Grundlage Deutsch als Zweitsprache gut lernen zu können. Es ist also kein Nachteil, wenn eine Familie mehrsprachig ist, selbst wenn die gesellschaftliche Sicht auf ihre Sprache und den Zweitspracherwerb etwas anderes vermittelt.

Der Nachmittag war ein Erfolg. Die Eltern bedankten sich und berichteten, dass sie noch nie so viel Wertschätzung für ihre Sprache erfahren hätten. Dies bestärkte Alena Ipatova und die Leiterin, und einige Kolleginnen waren erfreut, dass sie im Gespräch ein paar Brocken Russisch aus der längst vergangenen Schulzeit beisteuern und dadurch zu einer vertrauensvollen Atmosphäre beitragen konnten. Zu diesem Zeitpunkt gab es zwei weitere russischsprachige Kolleginnen in der Kita, eine arbeitete als Sprachförderfachkraft. Sie hatte eine Zeitlang bei Entwicklungsgesprächen übersetzt, was von den Eltern dankbar angenommen worden war. Deshalb vermutete die Leiterin, dass das zweisprachige Projekt die russischsprachigen Eltern ermutigen könnte, ihre Familiensprache öffentlich zu sprechen. Bislang war das eher im Verborgenen geschehen, was sie belastete.

Schon im Jahr zuvor hatte das Team eine Weiterbildung zur Mehrsprachigkeit besucht. Früher hatten die Erzieherinnen gedacht, dass Kinder leichter Deutsch lernen, wenn sie möglichst wenig mit ihrer Erstsprache zu tun haben. Ihr Wissenszuwachs und die daraus resultierende Meinungsänderung lieferten im Team die Grundlage für den Aufbau der bilingualen Gruppe.

Als deutschsprachige Eltern die ersten Aktivitäten mitbekamen, fragten einige: »Warum

Russisch und nicht Englisch?« Sie argumentierten: Während Russisch gesellschaftlich nicht besonders anerkannt ist, gilt Englisch als Weltsprache und verspricht bessere Chancen im späteren Berufsleben. Auch im Team gab es in der ersten Zeit nicht nur Zustimmung. Alena Ipatova: »Ich hatte den Eindruck, dass Russisch negativ belegt ist. Durch diese Sprache fühlen sich manche Menschen mit problematischen Seiten ihrer Vergangenheit konfrontiert – sei es die Schulzeit oder die historische Entwicklung hierzulande. Das machte mir ein bisschen Angst. Ich dachte: Wie kann ich anfangen, wenn es Vorurteile gibt? Da muss ich ja auch noch gegen diese Vorurteile kämpfen. Außerdem war ich im Team noch neu, musste mich erst beweisen. Doch die Trägervertreterin ermutigte mich und sagte, jetzt komme es darauf an, Dialoge zu führen und Vorurteile abzubauen. Sie war überzeugt, dass alles eine gute Entwicklung nehmen wird.«

Über Vorbehalte und deren mögliche Hintergründe sprachen die Kolleginnen mit den Eltern nicht explizit, denn die Leiterin hatte vorgeschlagen, sich der Sache von der pädagogischen Seite zu nähern. Deshalb entschloss sich das Team, mit den Eltern zu besprechen, was die Begegnung mit der russischen Sprache und ein zweisprachiger Alltag in der Kita für Vorteile haben: Sie unterstützen die monolingualen und bilingualen Kinder in ihrer sprachlichen, kognitiven und sozialen Entwicklung. Außerdem versprach sich die Leiterin: »Wenn wir eine russisch-deutsche Gruppe im Haus haben, könnte das dazu beitragen, dass Vorurteile abgebaut werden. Zwar wissen wir heute noch nicht, wie die Sache sich entwickeln wird, aber der Austausch mit den Eltern ermutigt uns zu diesem Projekt, finde ich.«

Um das praktische Vorgehen zu planen, fand zunächst eine Beratung mit dem Elternbeirat statt, bei der das Team über sein Vorhaben informierte und um Meinungsäußerungen bat. In der Diskussion beharrte ein Vater anfangs vehement auf seiner Idee, eine deutsch-englische Gruppe einzurichten. Andere Eltern unterstützten das deutsch-russische Vorhaben und überzeugten ihn schließlich mit guten Argumenten.

Bevor die gesamte Elternschaft informiert wurde, um alle deutschsprachigen Eltern zu gewinnen, probierte Alena Ipatova mit einigen Kindern aus, ob sie Spaß an russischen Sprach-Aktivitäten haben. Das war der Fall. Ein Mädchen sagte: »Ich möchte jede Woche bei Russisch mitmachen.«

Dann luden sie zu einem Eltern-Nachmittag ein: »Russisch: Zweit- oder Fremdsprache?« Alena Ipatova berichtete den Eltern, wie viel Freude die Kinder mit der vertrauten oder unbekannten Sprache hatten, und erklärte, dass die bilinguale Gruppe nicht etwa dazu dient, den Kindern Russisch beizubringen. Vielmehr geht es um den spielerischen Umgang mit der Mehrsprachigkeit, die den deutschsprachigen Kindern die Begegnung mit einer unbekannten Sprache ermöglicht und den russischsprachigen Kindern gestattet, ihre Familiensprache im Kindergarten wiederzufinden.

Über diesen Nachmittag zog die Leiterin folgendes Fazit: »Wir freuten uns, dass fast alle Eltern kamen. Daran erkannten wir, wie groß ihr Interesse war. Die Atmosphäre war aufgeschlossen und ließ gerade deshalb Raum, um Befürchtungen und Fragen loszuwerden. Mich beeindruckte, wie offen die Eltern ansprachen, was ihre Sorgen und Hoffnungen sind.« Am Ende bekam das Team das Okay der Eltern, konnte die bilinguale Gruppe eröffnen und informierte in einem Aushang: »Liebe Eltern! In unserer Gruppe startet das bilinguale Projekt: Darum Russisch – DaR. Das Wort Dar stammt aus dem Russischen und heißt Gabe, Geschenk und Begabung.« Weitere Gruppen-Elternabende folgten, bei denen sich die Mütter und Väter mit Alena Ipatova über ihre Erfahrungen und Gedanken zur Zweisprachigkeit austauschten. Dabei brachte die Pädagogin ihre fachlichen und praktischen Kenntnisse ein. Am Ende war es nur ein Elternpaar, das sich nicht beteiligte und seine Tochter abmeldete, obwohl das Mädchen viel Freude an der russischen Sprache hatte. Diese Entscheidung musste das Team natürlich akzeptieren. Trotzdem: Schade.

Den Alltag in der bilingualen Gruppe gestalten Alena Ipatova und eine deutschsprachige Kollegin mit den Kindern. Zu den pädagogischen Angeboten gehören zum Beispiel Lieder, Fingerspiele und Betrachtungen der inzwischen angeschafften deutsch-russischen Bilderbücher, die in Russisch und Deutsch vorgelesen werden. Das finden die Kinder interessant, gerade auch die deutschsprachigen, die den ungewohnten Klang der Sprache mögen und die unterschiedlichen Schriftbilder gern vergleichen.

Das meiste läuft aber »nebenbei«: Die Kinder schnappen Wörter auf, sprechen sie nach und wollen wissen, was sie bedeuten. Deshalb hat Alena Ipatova mit ihnen ein Wörterbuch zusammengestellt, das die Wörter enthält, die für die Kinder interessant sind. Außerdem hat sie mit den Kindern einen Brief an eine russische Kita geschrieben und Antwort bekommen. Im Folgenden schildert Alena Ipatova Situationen aus dem zweisprachigen Gruppen-Alltag:

»Anfangs kamen zwei Mädchen zu mir, deren Familiensprache Chinesisch ist, und sangen mir etwas in ihrer Sprache vor. Sie freuten sich und hatten offenbar die Vorstellung: Da Alena diese andere Sprachen spricht, kann sie auch unsere Sprache verstehen.

Eines Tages schaute sich die deutschsprachige Angela mit der russischsprachigen Irina ein russisches Tier-Bilderbuch an. Angela zeigte auf die Bilder und fragte: ‚A eto? ´(‚Und das?)´ Irina antwortete ihr, wie die Tiere auf Russisch heißen.

Den russischsprachigen Eltern ist es angenehm, sich in ihrer Sprache an eine russisch-

sprachige Kollegin wenden zu können, selbst bei einer Kleinigkeit wie der Frage nach dem Turnbeutel des Kindes. Und die Mutter von Georg bat um den Text des Liedes »Kalinka«, das oft in der Gruppe gesungen wird, denn ihr Sohn hört es gern beim Einschlafen.«
Vor dem Hintergrund des Wissens um die Bedeutung der Erstsprache für die Identitätsentwicklung der Kinder ist dem Team die Anerkennung der Familiensprachen ein wesentliches Anliegen: »Wir heißen alle Kinder und ihre Familien willkommen. Das steht nicht nur an der Tür und in der Konzeption, sondern wir leben es, und es spricht sich herum. Mittlerweile gibt es viele Anfragen von Eltern, die ihre Kinder gern in der bilingualen Gruppe unserer Kita anmelden wollen. Eltern, deren Kinder in den Elementarbereich wechseln, wünschen sich, dass sie in die deutsch-russische Gruppe gehen können, damit sie mit zwei Sprachen in Berührung kommen. Nun überlegen wir, eine zweite bilinguale Gruppe zu eröffnen.«
Werden zwei Sprachen im Kindergarten gesprochen, heißt das: Dinge werden mit unterschiedlichen Begriffen benannt. Allerdings kommt die eine Sprache nicht so oft vor wie die andere, obwohl beide gleichermaßen anerkannt sind. Dennoch stellt Alena Ipatova fest: »Ich kann den wissenschaftlichen Befund nur bestätigen, dass mehrsprachiges Aufwachsen die Entwicklung des Denkens fördert. Die Kinder – russischsprachige wie deutschsprachige – werden durch die Begegnung mit ihrer ersten oder der zweiten Sprache wirklich in ihrem Selbstbewusstsein gestärkt, denn sie merken: Ich bin ich und darf so sein, wie ich bin – egal, welche Sprache ich spreche. Erleben sie das, öffnet sich die ganze Welt für sie.«

Beim Aufbau der bilingualen Gruppe nahmen die Pädagoginnen den anfänglichen Widerstand einiger Eltern gegenüber der russischen Sprache ernst und griffen deren Argumente so auf, dass Akzeptanz und schließlich Zufriedenheit entstand. Das Team und die Eltern sehen die bilinguale Gruppe inzwischen als einen erfolgreichen Bestandteil der Kita-Arbeit an.

## Reflexionsfragen

- Sorgen wir dafür, dass die Familiensprachen und Dialekte der Kinder im Alltag zu hören, zu sehen und in Büchern wiederzufinden sind? (1.2.1)
- Fragen wir die Eltern nach der Bedeutung der Namen ihrer Kinder und achten auf deren korrekte Aussprache, auch die des Familiennamens? (1.1.3.)
- Kennen wir die Bedeutung der Herkunftssprachen für die Identität der Kinder und ermutigen die Eltern, ihre Familiensprachen mit den Kindern zu pflegen? (1.8.7.)
- Machen wir uns die negativen Auswirkungen abwertender Bezeichnungen auf Menschen bewusst und achten auf eine anerkennende und inklusive Sprache – einschließlich einer geschlechtergerechten Sprache, die verschiedene Geschlechter einschließt? (2.11.1.)

# 7. Mit vielfältigen Familienformen und Geschlechterverhältnissen wertschätzend umgehen

Auch in Deutschland wachsen Kinder in einer größer werdenden Vielfalt an Familienformen, Familienkonstellationen und Familienkulturen[67] auf: Etwa ein Viertel aller Kinder lebt nicht bei verheirateten leiblichen Eltern, und dieser Anteil wächst. Hinzu kommen Familien mit Zuwanderungsgeschichte, mehrsprachige Familien, Familien mit Angehörigen unterschiedlicher Hautfarben und religiöser Bekenntnisse, »Regenbogen«-Familien, Familien mit Pflegekindern, adoptierten Kindern, »Stief«-Kindern – und zwar in unterschiedlichen Familien-Konstellationen.

Für Kinder sind ihre Familienmitglieder die primäre Bezugsgruppe, in deren Mitte sie aufwachsen und ihre ersten sozialen Erfahrungen machen, in der sie die Bestandteile des kulturellen Modells ihrer Umgebung kennen lernen und zu einem Teil dieser kulturellen Gruppe werden. Ihre Familienverhältnisse sind der Rahmen, der jungen Kindern »normal« und »richtig« erscheint. Kommen sie in die Kita, lernen sie andere Kinder und deren Familienkonstellationen kennen. Dabei kann es passieren, dass sie Negatives über ihre Familie hören oder dass deren »Normalität« in Frage gestellt wird, weil sie in diesem Kontext nicht den Normen entspricht. Informationen über solche Normvorstellungen werden auch mittels sprachlicher Wendungen wie »Bilderbuchfamilie«, »intakte Familie«, »unvollständige Familie« oder »bildungsferne Familie« transportiert. Dabei lernen die Kinder: Es gibt unterschiedliche Familien, also andere als meine eigene, aber nicht alle sind »richtig« und »normal«. Solche Bewertungen bringen die Kinder auch in Kontakt mit normierten Geschlechterverhältnissen. Die sexuelle Orientierung ihrer Eltern – ob heterosexuell, homosexuell oder bisexuell – war bisher möglicherweise kein Gegenstand einer Frage. Im Vergleich mit anderen Kindern und deren Familien wird sie aber zum Thema für die Kinder. Im Folgenden geht es um die Wertschätzung unterschiedlicher Familien – mit dem Fokus auf die geschlechtliche Identität der Eltern.

67 Vgl. Jurczyk/Klinkhardt 2014

# Andrea Rösner: Familienformen, Geschlechtsidentitäten und Genderrollen

Andrea Rösner ist Projektbegleiterin in einer Berliner Kita und hinterfragt die Norm des Zweigeschlechtlichkeitsmodells von "Mann« und »Frau« und die Norm der »klassischen« Familie. Anlass sind ihre Erfahrungen in einer Kita, die auch ein Kind lesbischer Eltern mit einer transidenten[68] Mutter besucht. Ihr Beitrag vereint die theoretische Auseinandersetzung mit dem Thema, die Darstellung der Situation aus der Perspektive der betreffenden Mütter sowie die Handlungen und Reflexionen der Erzieher_innen.

Bei einer Dienstbesprechung in einer Berliner Kita sprach eine Erzieherin über ein Problem, das sie wegen des nahenden Muttertags bewegte. Es ging um Folgendes: Die zweijährige Luise hat zwei lesbische Mütter. Eine Mutter bezeichnet sich als Transfrau[69], die andere als lesbische Feministin. Welche der beiden sollte Luise nun zum Muttertag beschenken? Das Mädchen beschenkte schließlich beide Mütter und tat das auch am Vatertag, der nach einer Team-Diskussion übrigens abgeschafft wurde. Stattdessen wurde ein Familientag[70] eingeführt – eine Lösung, die starre Familienbilder überwindet. Die in der Gesellschaft gängigen Familienbilder sind von der Ideologie der Heteronormativität geprägt, die in den gesellschaftlichen Machtverhältnissen das Modell der Zweigeschlechtlichkeit von »Mann« und »Frau« als unhinterfragte Norm setzt und Männlichkeit höher bewertet als Weiblichkeit. Andererseits setzt Heteronormativität voraus, dass individuelles biologisches und psycho-soziales Geschlecht übereinstimmen und dass das sexuelle Begehren dem jeweils »entgegengesetzten« Geschlechts gilt. Dies reproduziert wiederum die binäre Konstruktion von Geschlecht. Solche gesellschaftlichen Machtverhältnisse und Werte bringen für ein Kind mit »geschlechtervariantem« Verhalten oder aus einer Familienform jenseits der Kleinfamilie mit Vater, Mutter und Kind besondere Herausforderungen für die Entwicklung seiner Ich- und Bezugsgruppen-Identität mit sich. Sie resultieren aus den Reaktionen der Umwelt auf Familien jenseits der Heteronormativität, denen oft zugeschrieben wird, defizitär zu sein.

Luise bezeichnet beide Eltern als Mütter, nennt die eine Mami und die andere Mama. Die Mama ist für Luise auch der Vater. Im täglichen Leben spielt das für Luise keine Rolle, für sie ist das Normalität, denn Kinder können vielfältige, vielen Erwachsenen widersprüchlich erscheinende Bilder ins geschlechtliche Selbst- und Fremdbild integrieren. Der deutsche Ge-

68 Von Transidentität spricht man, wenn die geschlechtliche Identität vom biologischen Geburtsgeschlecht abweicht.

69 Eine Transfrau ist ein Mensch mit weiblicher Geschlechtsidentität, geboren mit einem männlichen Körper.

70 Siehe dazu Mahdokht Ansari: »Muttertag oder Familientag?« im Band 4 dieser Reihe »Die Zusammenarbeit im Team vorurteilsbewusst gestalten«, Kapitel 4

setzgeber tut sich da deutlich schwerer. Nach seinen Richtlinien musste Luises Mama als Vater in die Geburtsurkunde der Tochter eingetragen werden. Neben ihrem klar weiblich definierten Vornamen trägt Luise einen zweiten genderneutralen Vornamen, den ihre Eltern bewusst für sie ausgesucht hatten. Sich selbst bezeichnet Luise als Mädchen. Im Spiel mit den Müttern war sie kürzlich ein Junge, dann ein Löwe und eine Katze, bevor sie in weitere (Tier-) Rollen schlüpfte. Vielleicht bringt sie durch ihre familiäre Prägung und das weitere Umfeld, in dem sie aufwächst, eine gewisse Offenheit und Flexibilität im Umgang mit geschlechtlicher Identität mit.

In Luises Kita-Gruppe gibt es etliche zwei- bis dreijährige Jungen, die sich gern mit Röcken, Stöckelschuhen, Handtaschen, Lockenperücken und Haarspangen aus der Verkleidungsecke ausstatten. Einige von ihnen tragen Röcke, schon wenn sie in die Kita kommen. Sichtlich beschränken die meisten Eltern ihre jungen Söhne bei der Wahl der Kleidung nicht. Auch viele muslimische Eltern lassen ihren Söhnen in der Kita den Freiraum, sich auszuprobieren. Es gibt nur wenige – und nicht allein muslimische – Eltern, die nicht einverstanden sind, wenn ihre Söhne Röcke anziehen wollen.

Die Mütter von Luise hingegen sind überzeugt, dass »nicht die Zusammensetzung der Familie oder das Geschlecht der Eltern für stabile Familienverhältnisse ausschlaggebend ist, sondern die Qualität der Eltern-Kind-Beziehung«.[71] Gefragt, wie sie sich den Umgang mit unterschiedlichen Familienformen und geschlechtlichen Identitäten in der Kita vorstellen, formulierten sie ihre Wünsche an das Kita-Personal und an die anderen Eltern folgendermaßen:

- Das Bild der »Idealfamilie« aus einem heterosexuellem Elternpaar und einem oder zwei biologischen Kindern, die in einer Wohnung zusammenleben, durch eine Vielzahl an Möglichkeiten ersetzen, wie Menschen als Familie leben.
- Die in der Kita und in der Gesellschaft tatsächlich vorkommenden Familienformen berücksichtigen, die weitaus vielfältiger sind als die »klassische« Familie: Zu Luises Kita-Gruppe gehört zum Beispiel auch ein Kind, das mit der alleinerziehenden Mutter und einem Geschwisterkind lebt. Das Kind einer anderen Familie wohnt abwechselnd bei der alleinstehenden Mutter oder dem Vater, der in einer schwulen Beziehung lebt. Ein Kind kann auch mehr als zwei Erwachsene als Bezugs- oder Erziehungspersonen haben, wenn es in einer Wohngemeinschaft aufwächst oder wenn nahe Verwandte wie die Großeltern mit der Familie zusammenleben. Dennoch werden Familienformen jenseits der »klassischen« Kleinfamilie als defizitär beschrieben.

71 Vgl. Bildungsinitiative Queerformat, Teil 3, 2012, 13

- Angebote für Angehörige der Kinder – beispielsweise das bislang speziell für Väter oder Onkel ausgeschriebene Sandburgenbauen – allen Interessierten öffnen, also auch befreundeten oder benachbarten Personen von Familien, die keine Angehörigen haben. Freude am Bauen und Geschick in technischen Angelegenheiten haben übrigens auch Menschen, die dem männlichen Geschlecht nicht angehören oder ihm nicht zugeschrieben werden. Angebote, die männliche Verwandte der Kinder gezielt ansprechen, sind trotzdem sinnvoll, denn sie könnten Väter oder Onkel mobilisieren, sich in die Kita einzubringen.

In der Kita findet die Offenheit für verschiedene Familienformen beispielsweise in »Familienwänden« Ausdruck, die im Gruppenraum oder auf den Fluren ausgehängt werden. Jedes Kind klebt – eventuell mit Hilfe älterer Kinder oder der Erwachsenen – Fotos auf eine farbige Pappe im DIN A4-Format, auf denen seine Familie zu sehen ist. Welche Menschen es auswählt, ob sie in einem verwandtschaftlichen Verhältnis zu ihm stehen oder ihm auf andere Weise verbunden sind, bleibt dem Kind und seiner Familie überlassen. Wichtig ist aber, dass die Familienwände die Gleichwertigkeit aller Familienformen widerspiegeln.

Darüber hinaus empfiehlt es sich, folgendes zu beachten:

- **Genderneutrale Räume:** Die geschlechtlichen Identitäten von Kindern, Eltern und Kita-Personal können berücksichtigt werden, wenn Räume geschlechtsneutral gestaltet werden: In einigen Einrichtungen werden geschlechtsneutrale Toilettenräume eingerichtet – durch Umbenennung oder Neu-Definition.
- **Kinderbücher:** Viele Kinderbücher geben die tradierte Familienform – Vater, Mutter, Sohn und Tochter – als unausgesprochene Normalitätsvorstellung weiter. Mittlerweile gibt es aber Medien für Kinder, die alternative Bilder präsentieren: Bücher ohne Geschlechterrollenklischees und ohne einseitige Darstellungen, die verschiedene Familienformen implizit oder explizit thematisieren und in denen sich Kinder mit verschiedenen Familienkulturen oder Vorerfahrungen wiedererkennen. Zugleich ermöglichen diese Bücher allen Kindern Erfahrungen mit Vielfalt und können sie zu geschlechterrollenüberschreitendem Verhalten ermutigen.[72]
- **Projekte**: Kindern können Projekte angeboten werden, die ihnen die Auseinandersetzung mit geschlechtlicher Vielfalt und verschiedenen Familienformen ermöglichen. In solchen Projekten können die Kinder ihre eigenen Vorstellungen und Werte erforschen, äußern und ihren Horizont erweitern, indem sie vielfältige weitere Realitäten kennen lernen. Vorstellungen, die nicht der Realität entsprechen oder andere Menschen verletzen, können in diesem Zusammenhang ebenfalls thematisiert werden.

Regelmäßig werden in der Kita Frauen-Abende veranstaltet, bei denen sich Mütter, die bekannte oder verwandte Frauen mitbringen können, und einige Erzieherinnen treffen. Als Luises transidente Mutter den Wunsch äußerte, teilnehmen zu dürfen, stellte sich die Frage: Wer gilt als Frau und hat demzufolge Zugang zu dieser Runde?
Die Idee des Treffens hatten ursprünglich muslimische türkische und arabische Mütter, die einen geschützten Raum suchten, um als Frauen »unter sich« zu sein – ein Akt der Emanzipation gegenüber (ihren Ehe-)Männern. Sie saßen beieinander, unterhielten sich, bastelten oder tanzen zusammen Zumba. Frauen, die aus religiösen Gründen ein Kopftuch tragen, legten es in diesem Kreis ab. Würden sie sich auch so frei fühlen, wenn Luises transidente Mutter dabei wäre? Wie würden ihre Männer reagieren? Würden einige Frauen den Treffen womöglich fernbleiben?

72 Kinderbuchempfehlungen finden Sie auf: www.kinderwelten.net

In diesem Zusammenhang muss man wissen: Manche muslimische Frauen legen ihre Kopftücher nicht vor Nicht-Muslimas ab. Bei anderen gibt die gemeinsame Zugehörigkeit zum gleichen Geschlecht den Ausschlag für ihr Verhalten. Diese Unterschiede wurden bislang von den Beteiligten nicht offen thematisiert. Demzufolge war erst recht unklar, ob Luises transidente Mutter von den anderen Frauen als Teilnehmende akzeptiert werden würde.
Andererseits: Wieso unterstellen wir Menschen ihrer Zugehörigkeit zu einer religiösen Gemeinschaft wegen – hier dem Islam – von vornherein, sie könnten ein Problem haben, Luises transidente Mutter als Frau in ihrer Runde zu akzeptieren? Nehmen wir Muslimas vielleicht einseitig wahr?[73] Noch haben die Erzieherinnen nicht entschieden, wie sie diese Fragen beantworten wollen.
Luises transidente Mutter möchte nicht gefragt werden, ob sie denn nun ein Mann oder eine Frau sei. Fragen bezüglich der eigenen Trans- oder Intergeschlechtlichkeit empfinden viele Menschen, die außerhalb des Zweigeschlechtlichkeitsmodells leben, als intim, übergriffig oder verletzend. Den Menschen, die als »Mann« oder »Frau« definiert werden, werden diese Fragen nicht gestellt. All jene, die sich nicht eindeutig dem Weiblichen oder Männlichen zugehörig fühlen oder physische Merkmale beider Geschlechter tragen, schließt die Fragestellung von vornherein aus. Dies bewirkt die Fixierung auf die als voneinander getrennt konstruierten Kategorien »Mann« und »Frau«.
Luises transidente Mutter würde es begrüßen, wenn alle Anwesenden in Elternrunden gefragt würden, was ihr bevorzugtes Pronomen ist. Bei Irritationen bezüglich der gewünschten Anredeform kann die Person nach dem Vornamen gefragt werden. Diese Information kann weitergegeben werden, damit die Person aus dem Fokus der Aufmerksamkeit treten kann. Mit ihrem Anliegen problematisiert Luises Mutter übrigens auch, dass die Angehörigen der Kinder und die Kinder selbst von den Mitarbeiterinnen der Kita ausschließlich in Form der Zweigeschlechtlichkeit adressiert werden.
Ansprache ist Sprache. Und Sprache konstituiert Wirklichkeit, denn die Wörter, die zur Beschreibung von Phänomenen benutzt werden, lassen Bilder im Gehirn entstehen. Sie sind mächtig und können bewirken, dass sich Menschen anerkannt oder ausgegrenzt fühlen. Bereits die bloße Wortwahl kann Personen oder Gruppen ausschließen und verletzen.
Auf Fragen nach der von trans- und intergeschlechtlichen Personen gewünschten Art der

73 Eine solche Auseinandersetzung fand auch in einem linken Frauen-Sportverein in Berlin statt. In diesem Verein sind die meisten Veranstaltungen für Transfrauen offen, doch es gibt Ausnahmen. Wendo, eine Selbstverteidigungssportart, die Rollenspiele beinhaltet, wurde von Frauen für Frauen konzipiert. Transidente Personen können nicht daran teilnehmen.

Ansprache müssen wir deshalb sensibel reagieren und versuchen, ausgrenzende Situationen zu minimieren. In Eltern-Briefen und auf Aushängen wählen wir eine Anredeform, die alle Bezugspersonen anspricht, die wir meinen. Junge Kinder, die sich nicht »geschlechterrollenkonform« verhalten, die trans- oder intergeschlechtlich sind[74], zwingt das Postulat von der Zweigeschlechtlichkeit zu Entscheidungen, die ihre geschlechtliche Identität reduzieren. Wenn wir sie ansprechen, sollten wir statt der Pronomen »er/ihm« oder »sie/ihr« die Namen der Kinder benutzen.

Um ihre Unsicherheit zu überwinden, setzten sich die Erzieherinnen bei einer Fortbildung mit dem in weiten Teilen unserer Gesellschaft noch tabuisierten Thema »Trans- und Intergeschlechtlichkeit« auseinander. Dabei traten auch ihre eigenen heteronormativen Vorstellungen zutage und konnten benannt werden. Erst das ermöglichte, sie zu hinterfragen. Danach schuf ein theoretischer Input zum Thema »Intergeschlechtlichkeit« eine Wissensbasis. Besonders interessierte die Erzieherinnen die aus der modernen Biologie stammende These vom Kontinuum zwischen den Polen »Männlichkeit« und »Weiblichkeit«. Sie belegt, dass das in Deutschland dominante Modell der Zweigeschlechtlichkeit kulturellen Konstrukt-Charakter besitzt, also nicht naturgegeben ist, weil die Natur vielfältigere Formen als dieses Modell ausbildet.

Doch zurück zu Luises Müttern. Sie erklärten, dass sie Luise und sich in der Kita gut aufgehoben wissen, weil sie sicher sind, bei den Erzieherinnen und der Leiterin Rückhalt und Unterstützung bezüglich ihrer Familienkonstellation und ihrer geschlechtlichen Identitäten zu finden.

Luises Eingewöhnung in die Kita hatte vor allem die transidente Mutter begleitet. Dadurch war sie längere Zeit in der Kita präsent, was ihre Akzeptanz förderte. Selbstverständlich wurde sie beim Abholen Mama genannt und konsequent mit weiblichen Pronomen bezeichnet, selbst wenn sie mal unrasiert erschien. Denn die Erzieherinnen orientierten sich an ihrem Selbstbild und nicht an gesellschaftlich genderspezifischen Normen oder Zuschreibungen. Sie nahmen Luises transidente Mutter als selbstbewusste Persönlichkeit wahr, die gute Kontakte zu vielen anderen Eltern hatte, obwohl das nicht selbstverständlich ist. Es gibt Familien, in

---

74 Transgeschlechtlichkeit: Oberbegriff für all jene Menschen, die eine andere geschlechtliche Identität und damit verbundene Geschlechterrolle leben als die, die ihnen nach der Geburt anhand äußerer körperlicher Merkmale zugeschrieben wurde. Einer aktuellen Studie zufolge gaben 20 Prozent der transgeschlechtlich lebenden Personen an, dass sie schon als junge Kinder um die eigene Transgeschlechtlichkeit gewusst hatten. (Hillier, Lynne u.a. 2010) Intergeschlechtliche Menschen identifizieren sich nicht unbedingt als eindeutig männlich oder weiblich. Damit stellen sie die vermeintlich biologische Zuordnung zu den einander ausschließenden Kategorien »Mann« und »Frau« in Frage.

denen die Transgeschlechtlichkeit eines Mitglieds nicht offen thematisiert wird, auch nicht vor den eigenen, noch jungen Kindern. Dies gilt es zu respektieren.
Übrigens ist geplant, alle Kinder in der Kita demnächst zu einem Theaterstück einzuladen, in dem ein Junge rosa Kleider trägt und in die Rolle einer Prinzessin schlüpft.[75] Ein weiterer Anlass, sich mit den Kindern über ihre Vorstellungen zu geschlechtlichen Identitäten und Geschlechterrollen auszutauschen.

75 Malu Förschl: Prinzessin Tim. Theaterstück für Kinder ab zwei Jahren. Verfügbar unter: www.prinzessin-tim.de/impressum.php

## Reflexionsfragen

- Reflektieren wir unsere Einstellungen zu und unseren Umgang mit Menschen mit unterschiedlicher sexueller Orientierung und unterschiedlicher Geschlechtsidentität? (1.12.6.)
- Bestätigen wir jedes Kind darin, dass es richtig ist, wie es ist, bezogen auf seine äußeren Merkmale, sein Geschlecht, seine Interessen, Fähigkeiten, Vorlieben und Gefühle? (1.5.1)
- Achten wir bei der Darstellung eines Kindes oder seiner Familie darauf, dass diese sie nicht auf einzelne Merkmale wie Familienkonstellation, Geschlechtspräsentation, Religionszugehörigkeit oder Hautfarbe reduziert? (1.4.2.)
- Achten wir insbesondere auf eine respektvolle und sachlich korrekte Darstellung häufig tabuisierter Aspekte, z. B. Behinderung, Armut, Transgeschlechtlichkeit und Intergeschlechtlichkeit? (2.3.4.)
- Informieren wir die Eltern darüber, dass Kinder von ihren erwachsenen Bezugspersonen eine positive Resonanz auf ihre Besonderheiten brauchen, wie z. B. äußere Merkmale, körperliche Fähigkeiten oder Beeinträchtigungen, Gefühle und Gedanken, Geschlechtspräsentation, Erfahrungen und Kompetenzen? (1.9.3.)
- Verdeutlichen wir unsere Regeln für ein respektvolles und faires Miteinander wenn es zu Herabwürdigungen und Ausgrenzungen zwischen Eltern kommt? (4.9.3.)

# 8. Wie Eltern ihre Kinder stärken können

Für die positive Entwicklung von Kindern ist es von großer Bedeutung, dass sie erleben: Sie werden gehört und können etwas bewirken. In der Kita können sie lernen, sich zu spüren und herauszufinden, was sie wollen und was nicht. Sie lernen, Entscheidungen zu treffen und ihre Interessen oder Wünsche mit denen anderer Menschen in Einklang zu bringen. Es stärkt sie, wenn sie so, wie sie sind, anerkannt und wertgeschätzt werden.

Verhalten Eltern sich in einer Weise, die in den Augen der Erzieher_innen nicht förderlich für Kinder ist, kann ein Konflikt entstehen, denn die pädagogischen Fachkräfte stellen sich in der Regel auf die Seite der Kinder. Professionelle Kompetenz beweisen sie, wenn sie nicht Position gegen die Eltern beziehen, sondern versuchen, sie zu verstehen, ihnen die eigenen Beweggründe zu erklären und gegebenenfalls Unterstützung anzubieten.
Hilfreich ist es, davon auszugehen, dass Eltern einen Grund für ihr Handeln haben, den es herauszufinden gilt. Kategorien wie »richtig« und »falsch« sind ungeeignet, um das Handeln der Eltern zu beurteilen. Sinnvoller ist es, sich auch für kontroverse Ansichten zu öffnen und mögliche Gründe in Erfahrung zu bringen, um sich nicht von den Eltern abzugrenzen, sondern Kontakt aufzunehmen und eine Begegnung auf Augenhöhe zu ermöglichen. Dies bietet auch die Chance, eigene Selbstverständlichkeiten zu hinterfragen und Veränderungen zuzulassen. Eltern können ihre Kinder am besten stärken, wenn sie Anerkennung und Wertschätzung erfahren. Kinder werden am besten gestärkt, wenn ihr außerfamiliäres Umfeld ihnen die Botschaft vermittelt, dass ihre Familien angesehen sind und dazugehören.
Die folgenden Beispiele zeigen, wie Erzieher_innen mit dieser Grundhaltung Eltern in Alltagshandlungen stärken, damit sie ihre Kinder stärken können.

# Eva Kleymann und Anke Krause: Kinder bei Entscheidungen unterstützen

Wenn die Kinder morgens in ihre Kita kommen, empfängt sie die Begrüßerin. Das ist Tradition im Bremer Kinder- und Familienzentrum Arbergen, das offen arbeitet und die Kinder unterstützen möchte, ihren Kita-Tag gut zu beginnen. Auch die Eltern profitieren davon. Eva Kleymann berichtet:

Wir möchten, dass die Tagesangebote, die wir im Rahmen der Offenen Arbeit machen, für Kinder und Eltern transparent sind. Deshalb stehe ich im Eingangsbereich der Kita und begrüße alle, die ankommen. Auf einer Tafel hinter mir sind alle Räume vermerkt – zum Beispiel der Bewegungsraum und das Atelier. Darunter ist eine kurze Beschreibung der Angebote zu lesen, damit die Eltern sich schnell einen Überblick verschaffen können, wel-

che Bildungsbereiche wir im Blick haben. Symbole, die die Kinder nach kurzer Zeit kennen – zum Beispiel ein Pinsel, wenn im Atelier gemalt wird – ergänzen die Notizen. Auf einem Tisch neben mir steht jeweils ein Korb für ein Angebot, in den die Kinder ihre persönlichen Steine legen, sobald sie sich entschieden haben, was sie machen möchten.
Manchmal drängeln Eltern, wenn es ihnen zu lange dauert, und greifen ein: »Du gehst heute zum Malen. Das ist doch schön.« Ich signalisiere dann: Entscheidungen zu treffen will gelernt sein und braucht Zeit. Die haben wir in der Kita, während die Eltern schnell zur Arbeit oder zu anderen Terminen müssen. Manchmal komme ich trotzdem mit ihnen ins Gespräch, und wir überlegen, ob es nicht auch zu Hause mehr Zeit für Entscheidungen gäbe, zum Beispiel bei der Wahl des Abendessens oder eines Ausflugsziels. Vielleicht wäre ein Elternabend zu diesem Thema eine gute Idee. Schließlich beschäftigt es viele Eltern.
Melli wählte eine ganze Woche lang das Atelier. Als sie in der Woche darauf ihren Stein wieder in den Atelierkorb legen wollte, sagte ihr Vater: »Jetzt gehst du mal in die Geschichtenwerkstatt. Dort gefällt es dir bestimmt auch, und du lernst was Neues.« Ich sah Melli an, dass ihr das nicht gefiel. Manchmal haben Kinder Phasen, in denen bestimmte Aktivitäten, Orte oder Menschen besonders wichtig sind. Dann versuche ich, zwischen Kindern und Eltern zu vermitteln. Ich weiß, dass beide gute Gründe für ihre Entscheidungen haben. Die Eltern wollen, dass ihre Kinder genügend Lernanregungen bekommen, und die Kinder wollen ihren Interessen folgen. Sind Eltern in Eile, schlage ich den Kindern vor, sich später zu entscheiden. Da ich die Eltern regelmäßig sehe, merke ich mir, worum es ging, um sie bei passender Gelegenheit zu fragen, was ihnen wichtig ist. Mellis Vater würde ich zum Beispiel fragen, ob er sich Sorgen macht, dass Melli etwas entgeht, wenn sie viel Zeit im Atelier verbringt. Ist das der Fall, würde ich ihm vorschlagen, sich von Mellis Bezugspädagogin erzählen zu lassen, was das Mädchen gerade lernt.
Kinder haben Freude daran, Entscheidungen zu treffen, und wissen meist, was sie wollen. Das zeigen uns schon die Jüngsten. Aber manchen Erwachsenen fällt es schwer zu akzeptieren, dass ihre Kinder andere Ideen haben als sie. Kein Wunder, denn sie gehen davon aus, dass sie mehr Erfahrung haben, die Folgen von Entscheidungen übersehen, langfristig planen und ein anderes Zeitgefühl als Kinder haben. In der Kita erleben sie mit, welche Entscheidungswege ich mit den Kindern suche: Ich schaue, wie es ihnen geht, ob sie schon wach genug sind, um zu entscheiden, was sie heute machen wollen. Vielleicht schmerzt die Trennung von den Eltern ein Kind noch und muss erst verwunden werden. Demzufolge ist es noch nicht in der Lage, sich überhaupt auf eine Entscheidung einzulassen. Mit Kindern, die nicht sofort wissen, was sie machen wollen, wäge ich das Für und Wider jedes Angebots ab.

Manchmal schlage ich ihnen vor, ein bisschen spielen zu gehen und sich später zu entscheiden. Meine Erfahrung ist: Entscheiden sich Kinder aus ganzem Herzen für ein Angebot, ist ihre Freude daran umso größer – und damit auch die Lernerfahrung. Ich will die Eltern nicht belehren, sondern Alternativen für Entscheidungssituationen aufzeigen. Da sie solche Situationen mit mir und den Kindern immer wieder erleben, merke ich, dass sie sich zunehmend entspannen, wenn es mal nicht so schnell geht. Manchmal ist ein beliebtes Angebot allerdings schon mit der maximalen Kinderzahl belegt – zum Beispiel das Fußballtraining. Dann wird schon mal mit dem Fuß aufgestampft, und manchmal gibt es sogar Tränen. Das ist für Erwachsene nicht leicht auszuhalten. Manche Eltern versuchen, ihre Kinder zu trösten: »Ist doch nicht so schlimm, dann spielst du morgen wieder mit.« Andere sagen: »Wenn du beim Anziehen nicht gebummelt hättest, wäre noch ein Platz frei gewesen.« Oder sie wollen die Kinder schnell ablenken: »Schau mal, du malst doch gern. Da gibt es noch einen Platz.« Vielleicht reagieren die Eltern so, weil sie sich Sorgen machen, dass wir denken, sie hätten ihre Kinder nicht »im Griff«. Ich finde, es reicht in solchen Situationen, dem Kind seine Gefühle widerzuspiegeln: »Ich weiß, wie gern du Fußball gespielt hättest, und kann verstehen, dass du jetzt sauer bist.« Merke ich, dass ein Kind bereit ist, über eine Alternative nachzudenken, greife ich die Vorschläge der Eltern auf. Oder wir schauen, ob es etwas gibt, das dem Kind Spaß machen könnte. Eltern, die das beobachteten, waren überrascht, wie schnell der Kummer verging, und erzählten mir, sie hätte diese Verfahrensweise zu Hause auch schon ausprobiert. Manchmal mit Erfolg.

## Joanna Goik-Halacz und Ulla Lindemann: Zum eigenen Ausdruck ermutigen

Die Erzieherin Joanna Goik-Halacz aus der Europa-Kita des VAK e. V. in Berlin berichtet, wie die Eltern in die Gestaltung der Lernumgebung einbezogen und ermutigt werden, sich mit dem, was sie können, zu zeigen:

Bei uns gibt es schon seit langer Zeit Familienwände in den Gruppen, auf denen jedes Kind sein persönlich gestaltetes Familienbild findet. In allen Gruppen werden die Eltern gebeten aufzuschreiben, warum sie ihrem Kind seinen Namen gaben und was er bedeutet. Die Antworten werden sorgsam aufgeklebt und unter dem Titel »Mein Name ist ein Geschenk« präsentiert. Damit sind die Eltern einverstanden und finden es interessant, etwas Persönliches über die andern Familien zu erfahren.

Seit einer Weile probieren wir in unserer Gruppe eine weitere Form der Wertschätzung aus. Wir bitten die Eltern, ihre Kinder zu malen – ein Portrait oder das ganze Kind –, damit die Kinder nicht allein auf Fotos und mit ihren Namen präsent sind, sondern auch auf Bildern, die ihre Eltern für sie gemalt haben. Als die Eltern diese Zeichnungen mitgebracht hatten, hängten wir sie in unser helles, freundliches Treppenhaus. Das wirkte wie eine Kunstausstellung und sprach vor allem die Kinder an. Immer wieder schauten sie sich die Bilder an, freuten sich über ihre Konterfeis, interessierten sich aber auch für die Bilder der anderen Kinder. Anfangs rieten sie, wer abgebildet ist. Manchmal lachten sie. Sicherlich nicht über das abgebildete Kind, sondern über die Art und Weise der Darstellung, die sie überraschte oder erheiterte. Jedenfalls kann ich sagen: Die Kinder finden die Zeichnungen der Eltern sehr schön.
Weil wir mit der Ausstellung auch die Eltern ansprechen wollten, gaben wir ihr den Titel »Meine Eltern haben mich gemalt«, schrieben ihn in allen Familiensprachen auf bunte Plakate und hängten sie über die Bilder.
Als wir den Eltern unsere Idee vorstellten, fanden die meisten sie gut. Manche hatten gleich Lust, mitzumachen – vor allem die Mütter und Väter, die beruflich mit Gestaltung zu tun haben oder gern etwas mit ihren Händen tun. Andere reagierten anfangs abwartend, skeptisch oder ablehnend und beteuerten, als es um die Zeichnungen ging, dass sie nicht malen können. Also erklärten wir ihnen, welche Bedeutung die Abbildungen für die Kinder haben, versicherten aber auch, niemanden unter Druck setzen zu wollen und keine »perfekten« Bilder zu erwarten. Als die Eltern die Bilder mitbrachten – manche gestanden verschämt, sie hätten es nicht besser hinbekommen –, bestärkten wir sie: »Ein tolle Zeichnung! Ihr Kind wird sich darüber freuen.« Wir waren berührt, und das sahen die Eltern uns auch an.
Denjenigen, die sich ganz und gar nicht ans Malen wagten, schlugen wir vor, jemanden aus der Familie zu bitten, in die Bresche zu springen. Das klappte ganz gut. Andere, die sich anfangs zurückhielten, waren im Nachhinein froh, ihre Scheu überwunden zu haben, und fanden ihre Werke schließlich durchaus akzeptabel.

Auch bei anderen Aktionen kommt es hin und wieder vor, dass einzelne Eltern nicht mitbringen, was wir von ihnen erbeten hatten. Handelt es sich um Fotos oder Abbildungen, müssen wir dafür sorgen, dass sich wirklich jedes Kind in der Kita wiederfinden kann. Dann fotografieren wir die Eltern mit ihrem Kind und gestalten das Plakat mit ihm. Dann sind zwar keine weiteren Familienmitglieder zu sehen, aber immerhin die wichtigsten: das Kind und seine Eltern. In Gesprächen mit Eltern und beim Nachdenken darüber wurde mir und meinen Kolleginnen klar: Tauchen neue Herausforderungen auf, wehren wir Erwachsenen sie gern erst

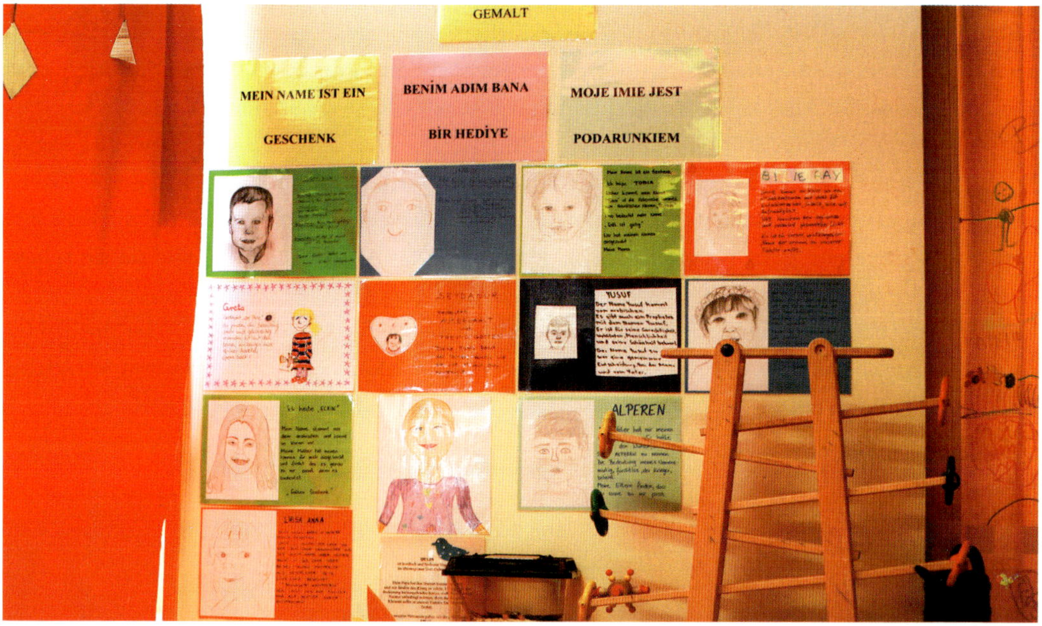
GEMALT
MEIN NAME IST EIN GESCHENK
BENİM ADIM BANA BIR HEDİYE
MOJE IMIE JEST PODARUNKIEM
BILLIE RAY
YUSUF
ALPEREN
LUISA ANNA

LUISA ANNA
BEIDE NAMEN HABEN IN UNSERE FAMILIE TRADITION.
"LUISA" IST SOWOHL DER NAME VON DER GREAT-GREAT-GRANDMOTHER UND DER ZWEITE NAME IHRER MUTTER.
ANNA IST DER NAME IHRER BEIDEN TANTEN MÜTTERLICH UND VÄTERLICHER SEITE.
LUISA ANNA BEDEUTET "BEGNADETE KÄMPFERIN" UND LÄSST SICH AUF ENGLISCH UND AUF DEUTSCH GLEICH AUSSPRECHEN.

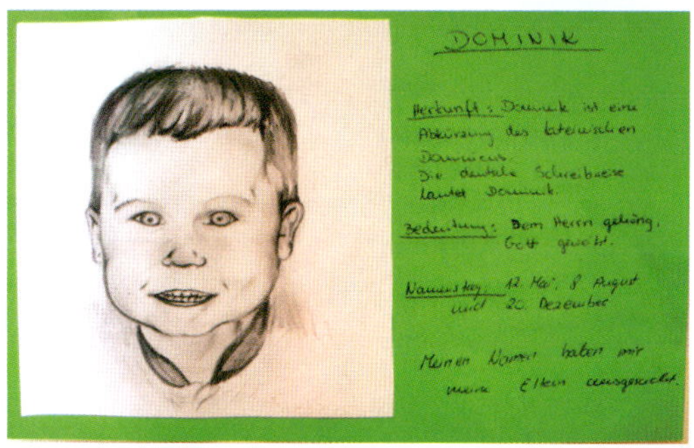
DOMINIK
Herkunft: Dominik ist eine Abkürzung des lateinischen Dominicus. Die deutsche Schreibweise lautet Dominik.
Bedeutung: Dem Herrn gehörig, Gott geweiht.
Namenstag: 12. Mai, 8. August und 20. Dezember
Meinen Namen haben mir meine Eltern ausgesucht.

Mein Name ist ein Geschenk
Ich heiße: TOBIA
Woher kommt mein Name:
"Tobia" ist die italienische Variante vom Hebräischen Namen „TOBIAH"
Was bedeutet mein Name:
„Gott ist gütig"
Wer hat meinen Namen ausgesucht:
Meine Mama

BILLIE RAY
BILLIE kommt von WILLIO aus dem althochdeutschen und steht für Entschlossenheit, SCHUTZ, Wille und Aufrechtigkeit.
RAY kommt aus dem englischen und bedeuted gebündeltes Licht.
Es ist ein kurzer, wohlklingender Name der optimal zu unserer Tochter paßt.

mal ab, denn Neues ist ungewohnt und verunsichert leicht. Außerdem möchte niemand sich gern eine Blöße geben. Dem halten wir entgegen: Niemand muss perfekt sein, und wir sind alle keine Künstler. Aber schöpferisch können wir sein.

Sehe ich mir die Bilder heute an, finde ich: Die Eltern waren kreativ auf ihre jeweils eigene Weise. Das macht die Zeichnungen so verschieden. Zwar ist erkennbar, dass manche Eltern geübter sind als andere, doch das schmälert den Wert der Bilder nicht. Die Eltern gaben den Bildern jeweils einen ganz persönlichen Ausdruck, malten ihre Kinder so, wie sie sie sehen. Mich berührt das immer noch.

Unsere neue Elterngruppe möchten wir ins Kita-Elterncafé einladen, damit sie die Bilder dort gemeinsam zeichnen können, wenn sie wollen. Mal sehen, was sie von diesem Vorschlag halten.

## Schädliche Normierungen

Häufig stehen Eltern unter Druck: Sie fühlen sich verantwortlich, dass ihre Kinder die gesellschaftlichen Erwartungen erfüllen. Haben Kinder eine körperliche, geistige oder psychische Behinderung oder Beeinträchtigung, müssen sich die Eltern eine Position zur Normierung kindlicher Entwicklung erarbeiten, die ihnen und ihren Kinder entspricht. Unter gesellschaftlichen Verhältnissen, die stark auf normierte Entwicklung setzen, ist es jedoch schwer, ständige Vergleiche abzuwehren, die individuelle Entwicklung des eigenen Kindes wahrzunehmen und darauf zu bestehen. Ohne Unterstützung ist das kaum zu schaffen.

Halten Eltern an den Normen fest, wonach Kinder in einem bestimmten Alter bestimmte Kompetenzen entwickelt haben müssen, wird ihr Kind immer wieder den Kürzeren ziehen, beschämt sein, und seine in den Anforderungstabellen nicht erfassten Fähigkeiten bleiben möglicherweise verborgen. Zahlreiche Besonderheiten, die Kinder in ihrer Entwicklung zeigen, werden leicht als »Auffälligkeiten« wahrgenommen. Dann stellt sich die Frage, ob wirklich Handlungsbedarf besteht. Vielleicht machen besondere Aktivitäten oder Behandlungen wegen ihrer möglichen stigmatisierenden Wirkung alles nur noch belastender.

# Ulla Lindemann: Zusammenarbeit mit Eltern eines hochbegabten Kindes

Auch Kinder, denen Hochbegabung bescheinigt wurde, können mit ihren Besonderheiten unter Normierungs-Druck geraten. In der Kita »Janusz Korczak« in Jena, in der Beate Zöller als Erzieherin arbeitet, beschäftigt sich das Team schon seit einer Weile mit dem Thema »Inklusion hochbegabter Kinder«. Anlass war, dass Kinder mit besonderen Begabungen die Kita besuchten und das Team auch für sie gute Lernmöglichkeiten schaffen wollte.

Wegweisend für das generelle Handeln der Erzieherinnen sind Gedanken des Pädagogen Janusz Korczak, dessen Namen die Kita trägt und der das Recht aller Kinder auf Achtung und persönliche Würde betonte. Darüber hinaus folgt das Team dem inklusiven Praxiskonzept der Vorurteilsbewussten Bildung und Erziehung, das auf die Anerkennung von Vielfalt setzt. Die Erzieherinnen formulieren es so: »Wir wollen jedes Kind mit seinen Besonderhei-

ten mitnehmen und alle Kinder so begleiten, dass sie sich wohlfühlen und sich gut entwickeln können.«

Das galt auch für Paula, die die Kita von ihrem ersten Lebensjahr an besuchte und bis zum Übergang in die Grundschule dort blieb. Nach der Zeit im Kleinkindbereich wurde sie von der Erzieherin Beate Zöller begleitet; weitere Kolleginnen wechselten jährlich.

Schon bald nahmen die Erzieherinnen Paulas ausgeprägtes Sprachverständnis wahr, das sich schnell weiterentwickelte. Früh interessierte sie sich für Bücher und beschäftigte sich ausdauernd damit. Sie bat die Erzieherinnen, ihr vorzulesen, und stellte viele Fragen zum Inhalt. Mit drei Jahren begann Paula, sich mit Buchstaben zu beschäftigen. Als sie vier Jahre alt war, erkannte sie Wörter am Schriftbild und konnte sie benennen. Mit fünf Jahren lernte sie lesen. Im letzten Halbjahr vor dem Übergang in die Grundschule las sie den anderen Kindern vor. Auch Paulas Auffassungsgabe und Merkfähigkeit fielen den Erzieherinnen auf, zum Beispiel beim Memory-Spielen, beim Singen oder Reimen. Großes Interesse für die Dingen ihrer Umgebung zeigte Paule die gesamte Kitazeit über.

In anderen Bereichen verlief ihre Entwicklung eher langsam. Während sie bei sprachlichen oder kognitiven Tätigkeiten und im Kontakt mit Erwachsenen ein hohes Maß an Ausdauer und Konzentration bewies, war sie im Spiel mit anderen Kindern eher sprunghaft. »Paula war für mich zunächst ein offenes, neugieriges Mädchen wie andere Kinder auch. Bald merkte ich jedoch, wie weit sie in sprachlicher Hinsicht ist. Kleine Texte verstand sie viel schneller als die anderen. Ich staunte, dass sie Texte von Liedern konnte, die wir nur ein oder zwei Mal gesungen hatten«, erinnert sich Beate Zöller.

Mit einem hochbegabten Kind zusammenzuleben, das stellt die Erwachsenen zu Hause und in der Kita vor Herausforderungen. Beate Zöller erzählt: »Je mehr ich mit den Eltern in Kontakt kam und je öfter wir über Paula sprachen, desto klarer wurde mir, dass das Mädchen wirklich besondere Begabungen hat. Zunächst verwendete ich das Wort Hochbegabung nicht, sondern erkundigte mich: Was macht Paula zu Hause? Liest sie da auch so viel? Ich wollte wissen, ob die Eltern das Kind dermaßen fördern, dass es gar nicht anders kann, und hohe Erwartungen an seine Entwicklung stellen. Doch das war nicht so. Paulas Eltern waren sehr aufmerksam, beantworten die Fragen des Mädchens und lasen ihm viele Bücher vor.«

Im Laufe der Zeit informierten Eltern und Erzieherin einander in Tür-und Angelgesprächen. In den jährlichen Entwicklungsgesprächen wurden die besonderen Fähigkeiten, aber auch die Schwierigkeiten des Kindes beleuchtet, und die Situation der Eltern kam zur Sprache. Als Paula etwa dreieinhalb war, erzählte ihre Mutter, worüber zu Hause am Abendbrottisch gesprochen wird: Paula wollte zum Beispiel alles Mögliche über den Weltraum wissen und interessierte sich dafür, wie ein Kind entsteht. Da waren die Eltern manchmal überfordert. Aber Paulas Vater meinte: »Das wird schon.« Schließlich stellte sich heraus, warum er so gelassen war: Er und sein Bruder hatten eine ähnliche Entwicklung durchlaufen. Deshalb wusste er, was besondere Begabung bedeuten kann. »Für die Eltern war es von Anfang an wichtig«, berichtet Beate Zöller, »ihr Kind nicht im Hinblick auf Hochbegabung diagnostizieren zu lassen. Paula sollte eine ganz normale Kindheit haben. Das konnte ich akzeptieren, denn: Paula bekommt individuelle Förderung – wie jedes Kind in unserem Kindergarten.« Als Paula etwa vier Jahre alt war, dachten die Eltern noch einmal über Diagnostik nach, beschlossen jedoch erneut, darauf zu verzichten. Sie wollten ihre Tochter weiterhin als ein Kind betrachten, das in seiner Entwicklung zwar weit ist und entsprechendes »Futter« braucht, ansonsten aber ein Teil der Gruppe ist wie jedes andere Kind, also keine Sonderrolle spielen soll, schon gar nicht die einer Außenseiterin. Beate Zöller teilte diese Sicht. Paula trug Windeln, bis sie etwa drei Jahre alt war, und nässte auch tagsüber noch lange Zeit ein. Aus der

Sicht der Erzieherin war dies nicht problematisch, denn sie wusste: Bei Kindern mit besonderen Begabungen kommt es vor, dass sie sich in verschiedenen Bereichen unterschiedlich, also nicht synchron entwickeln. Auch Paula würde von allein trocken werden, wenn der richtige Zeitpunkt gekommen ist. Das erklärte sie den Eltern, die sich Sorgen machten, von »Sauberkeitserziehung« sprachen und hofften, man könne in der Kita Einfluss auf Paulas körperliche Entwicklung nehmen. Beate Zöller sagte damals: »Paula hat noch keine Zeit für diesen Entwicklungsbereich. Sie ist so neugierig, und es gibt so vieles, wofür sie sich interessiert. Demzufolge dauert das mit dem Trockenwerden bei ihr länger. Lassen wir ihr die Zeit, die sie braucht.« Das überzeugte die Eltern, und sie übten sich ebenso in Geduld wie die Erzieherin. Um den vierten Geburtstag herum war Paula dann halbwegs trocken.
Ein anderes Thema, das die Eltern beschäftigte, waren Paulas Beziehungen in der Kindergruppe. »Wer ist ihre Freundin?« wollten sie wissen, als Paula zwischen drei und vier Jahren alt war, denn sie gingen davon aus, dass sich in diesem Alter Vorlieben bei der Zusammensetzung der Spielgemeinschaften zeigen. Das stimmt zwar im Allgemeinen, war bei Paula aber nicht so. Sie hatte wechselnde Spielpartner. Beate Zöller beobachtete das, griff aber nicht ein, denn sie hatte den Eindruck, dass das Mädchen sich wohlfühlte. Sobald Paula eine neue Idee hatte, suchte sie sich ein Kind, mit dem sie sie umsetzen wollte.
Nähere Beziehungen ging Paula mit älteren Kindern aus der Nachbargruppe ein, spielte mit ihnen oder schaute mit ihnen Bücher an. In der eigenen Gruppe fühlte sich Paula der gleichaltrigen Hanna zweitweise verbunden, die eine Hörschädigung hat und deshalb in ihrer Sprachentwicklung weit zurücklag. Folgende Erklärung fand Beate Zöller dafür: »Paula sprach häufig für Hanna. Das kam ihrem besonderen Bedürfnis nach sprachlichem Ausdruck entgegen.« Ob Sympathie oder Solidarität auch eine Rolle spielten, konnte die Erzieherin nicht sicher entschlüsseln. Doch sie vermittelte Paula, wie wichtig es ist, dass Hanna selbst spricht. Obwohl Paula noch so jung war, verstand sie, was Beate Zöller meinte.
Eineinhalb Jahre vor Schulbeginn ging es in einem Entwicklungsgespräch um die vorzeitige Einschulung, zu der andere Eltern Paulas Mutter und Vater geraten hatten. Im Laufe des Gesprächs mit der Erzieherin kamen sie zu dem Schluss, dass das spielerische Lernen im Alltag für Paula wichtig ist und das Mädchen aus seinen sozialen Beziehungen nicht herausgerissen werden sollte. Außerdem könnte sich das noch unabgeschlossene Trockenwerden problematisch auf die vorzeitige Einschulung auswirken. »Ein halbes Jahr vor dem Übergang in die Grundschule riet ich Paulas Eltern, einen Termin mit der künftigen Lehrerin zu vereinbaren, um sie über die besonderen Fähigkeiten ihrer Tochter zu informieren. Das bot sich schon deshalb an, weil wir mit der Grundschule eng zusammenarbeiten, um den

Übergang für alle Kinder zu erleichtern«, berichtet Beate Zöller und resümiert: »Wenn ich zurückdenke, war die Begleitung von Paula und ihren Eltern wirklich eine Herausforderung. Immer wieder fragte ich mich: Was ist für Paula wichtig? Was wollen die Eltern für ihre Tochter? Was sind meine Überzeugungen und Unklarheiten? Kann ich es schaffen, Paula und die anderen Kinder unserer Gruppe gut zu begleiten? Wie kann es uns gelingen, dass Paula nicht zur Außenseiterin wird? Diese Befürchtung war, im Nachhinein betrachtet, zum Glück unbegründet. Doch anfangs hatte ich schon manchmal Angst, dass die Eltern mir irgendwann vorwerfen würden, ich hätte dies und jenes nicht getan. Der gute Kontakt zu Paulas Eltern sorgte jedoch dafür, dass ich nach und nach gelassener wurde. Ich merkte, dass sie sich an meinen fachlichen Einschätzungen orientierten, und vieles hat sich dann tatsächlich so entwickelt, wie ich es gehofft hatte. Die Hauptsache dabei war: Gemeinsam vertrauten wir auf die positive Entwicklung Paulas.«

Manchmal geschieht es auch, dass Kinder in der Kita Ablehnung und Diskriminierung erleben und es die Eltern sind, die dieses wahrnehmen. Sie brauchen Sicherheit und konkrete Gelegenheiten, um solche Vorfälle anzusprechen. Hierzu einzuladen und Gelegenheiten zu schaffen, ist eine fachliche Aufgabe der pädagogischen Fachkräfte. Erfüllen sie diese nicht, ist es für Eltern schwierig, mit der Situation umzugehen, in der ihr Kind offensichtlich leidet. Im folgenden Beispiel ist es ein Vater, der die Initiative ergreift, um den belastenden Zustand zu beenden, in dem sich sein Kind befindet. Er wählt eine Aktivität, die in Folge von stereotypen Zuschreibungsprozessen von ihm erwartet wird: Er kocht für die Kinder der Kita ein traditionelles kamerunisches Gericht. Er ist damit erfolgreich, der Status seiner Tochter in der Gruppe verbessert sich. Während der Vater dies tut, um rassistischer Ausgrenzung zu begegnen, die seine Tochter betrifft, ist es für die anderen Beteiligten in der Kita ein Fest der »Begegnung mit Afrika«. Der Vater nimmt die Gefahr einer »touristischen«[76] Verzerrung in Kauf, damit es seiner Tochter besser geht. Der Vater reflektiert Rassismus und diskriminierende Zuschreibungsprozesse und übernimmt Verantwortung für erweiterte Lernmöglichkeiten in der Kita – eine Aufgabe, die den pädagogischen Fachkräften zukommt. In einer vorurteilsbewussten Kita müssen sich Eltern darauf verlassen können, dass ihre Beobachtungen von diskriminierenden Vorgängen gehört werden, dass ein Bewusstsein für die Erscheinungsformen und Auswirkungen von Rassismus und anderen Diskriminierungen vorhanden ist und ein Handlungsrepertoire existiert, wie interveniert werden kann.

76 Vgl. »Tourismusfalle« im Band 2 dieser Reihe »Inklusion in der Kitapraxis: Die Lernumgebung vorurteilsbewusst gestalten«, Kapitel 9

# Joy Alemazung: Rassismus im Kindergarten – Erfahrungen eines migrantischen Vaters

Als Student und gesellschaftlich engagierter Mensch habe ich wie viele andere »Menschen mit Migrationshintergrund« Erfahrungen mit Rassismus, Diskriminierung, Inakzeptanz und Intoleranz im privaten sowie im öffentlichen Leben, im Beruf sowie im sozialen Leben gemacht.

Als Eltern hofft man, dass die eigenen Kinder davor verschont bleiben, aber leider ist so eine Erwartung in der derzeitigen Situation in Deutschland noch unrealistisch. Als Vater versuche ich, meinen hier in Deutschland geborenen Kindern ein starkes Selbstvertrauen zu vermitteln, auf der Grundlage von Nächstenliebe und der Überzeugung, dass alle Menschen gleich sind. Mein Vater hatte mich in diesem Sinne erzogen: »Du bist wie jeder Mensch besonders und wertvoll, egal was die Meinungen anderer über dich sind!« Meine Sorge war und ist: Wie werden unsere Kinder die alltäglichen Konfrontationen mit Rassismus und Diskriminierung bewältigen?

Ich habe drei Kinder im Alter von elf, sieben und anderthalb Jahren. Als wir nach Bremen umgezogen sind, war unsere Tochter zwei Jahre alt. Es klappte sehr gut in der Kita für Hochschulangehörige der Hochschule Bremen, wo ich als Dozent tätig war. Als sie drei wurde, mussten wir die Kita wechseln. So kam sie in den Kindergarten in unserem Ortsteil. Unsere Tochter ist ein sehr fröhliches und sehr offenes Kind. Jetzt war sie vor und nach dem Kindergartenbesuch unzufrieden und oft traurig. Wir haben mit ihr gesprochen und sie hat uns ihren Kummer mitgeteilt: Die anderen Kinder wollten nicht mit ihr spielen, weil ihre Hautfarbe »anders« sei. Wir redeten mit den Erzieherinnen, die uns erklärten, dass Kinder in diesem Wohnviertel eben kaum Kontakt zu Menschen mit brauner Haut hätten. Von den Erzieherinnen war also keine Unterstützung zu erwarten. Meine Frau und ich waren schon am Überlegen, ob wir den Kindergarten wechseln sollen, denn dass unsere Tochter glücklich ist, hat für uns oberste Priorität. Ich hatte guten Kontakt zu Kindern im Kindergarten, die mich als Jugendtrainer beim SV Werder Bremen kannten. Außerdem hatte ich mich mit dem väterlichen und sehr netten Kindergartenkoch angefreundet. Er fragte mich eines Tages, ob ich mit ihm einmal ein afrikanisches Menü für den ganzen Kindergarten zusammen vorbereiten könnte. Ich zögerte, denn Afrika als vielfältiger Kontinent wird in Deutschland oft auf Essen und Tanzen reduziert, das hatte ich als Student häufig erlebt: Das Einzige, wofür wir eingeladen wurden, waren Kochen und Tanzen. Wir hatten davon genug. Wenn Menschen gut kochen oder tanzen können, heißt das schließlich nicht, dass sie nichts anderes können. Der Rassismus lässt alles andere ausblenden. Außerdem hatten die Erwartungen an Speisen, Tänze, Geschichte und Erzählungen aus Afrika nichts mit dem Afrika zu tun, das wir kannten und in dem wir aufgewachsen sind. In diesem Fall war mir klar: Wenn ich koche, dann nicht, weil es das einzige ist, was ich kann! Wenn ich für die Kinder des Kindergartens koche, dann tue ich dies in erster Linie als Vater für meine Tochter. Ich stimmte also zu und wir haben einen Tag vereinbart. Mit dem Koch einigten wir uns auf frittierte Kochbanane (Doddo), Erdnuss-Suppe, Puff Puff (frittierter Hefeteig) und Bohnensuppe mit Gemüse. Wir kauften die Zutaten für 80 Mahlzeiten ein. Der Kochtag begann um 7 Uhr, um 11 Uhr war das Essen fertig. Es war ein herrlicher und fröhlicher Tag im Kindergarten. Die Kinder und Mitarbeiter_innen des Kindergartens haben das Essen genossen. Als ich am Nachmittag mit meiner

Frau unsere Tochter abholen kam, riefen die Kinder: »Nanyongos Papa, das Essen war sehr sehr sehr sehr lecker«. Meine Frau war überrauscht: »Wow! Du bist hier wie ein Star!« Die Kinder haben diesen Tag nicht vergessen. Für meine Tochter wirkte er wie ein Wendepunkt: Danach wollten sich die Kinder gerne mit meiner Tochter verabreden. Es gab nun also häufige Verabredungen mit meiner Tochter und immer wieder Besuche bei uns. Meine Tochter war sehr glücklich ab dieser Zeit. Hinzu kam eine sehr begabte und leidenschaftliche Erzieherin als Nachfolgerin der kurz davor in den Ruhestand getretenen Kollegin. Am Ende haben wir uns sehr gefreut, dass unsere Tochter in diesem Kindergarten war, denn die Zeit mit den Kindern, deren Eltern und dem Koch bleibt uns unvergesslich.

Was danach auch geschah: Der Koch bekam Anrufe von anderen Kitas, die uns einladen wollten, um das Gleiche gegen Bezahlung bei ihnen anzubieten. Der Vorschlag amüsierte mich: Was für ein Missverständnis! Und erneut ein Versuch, mich aufs Kochen zu reduzieren? Ich sagte ihm: »Ich werde das nie für Geld machen, dazu habe ich auch keine Zeit. Außerdem: Ich bin kein Koch, ich habe das hier nur für meine Tochter gemacht, für die anderen Kinder und für Dich!«

## Reflexionsfragen

- Schlagen wir den Eltern vor, wie sie sich beteiligen und dazu beitragen können, dass Kinder in ihrer Identität gestärkt werden? Zum Beispiel mit Fotos für Familienwände, Büchern, Geschichten, Musik, die ihre Familienkulturen widerspiegeln. (1.9.5.).
- Suchen wir eine dialogische Verständigung mit den Eltern darüber, was ihnen in Bezug auf die Stärkung der Ich- und Bezugsgruppen-Identität ihrer Kinder wichtig ist und wie sie dazu beitragen können? (1.10.2.)
- Nehmen wir Befürchtungen und Fragen von Eltern ernst? Lassen wir sie erleben, dass Unterschiede in der Kita mit Respekt und Wertschätzung besprochen werden? (2.9.1.)
- Laden wir Eltern dazu ein, ihre eigenen Beobachtungen von Einseitigkeiten, Vorurteilen und Diskriminierung in der Kita zu besprechen? (4.7.4.)
- Ermuntern wir Eltern, den Kontakt zu Ihnen zu suchen, wenn sie befürchten, dass ihr Kind in der Kita ungerecht behandelt oder ausgegrenzt wird? (4.7.5.)
- Laden wir Eltern dazu ein, darüber zu sprechen, wie Eltern bei Ungerechtigkeiten und Benachteiligungen für ihr Kind eintreten können? (4.7.6.)

# 9. Wenn Eltern Vorurteile äußern

Sich zu positionieren, wenn Eltern Vorurteile äußern oder sich diskriminierend verhalten, ist die hohe Schule der Vorurteilsbewussten Bildung und Erziehung. Voraussetzung ist eine klare, innere Positionierung der pädagogischen Fachkräfte, deren Basis die immerwährende Bereitschaft zur Reflexion ist. Da Erzieher_innen an harmonischen Beziehungen zu Eltern gelegen ist, erfordert es Mut, sich aktiv zu verhalten und Dinge anzusprechen, die den eigenen Vorstellungen von Gerechtigkeit widersprechen. Und es braucht die Fähigkeit, eigene Emotionen wahrzunehmen und einordnen zu können.

Der eigenen Empörung spontan Luft zu machen, das ist oft nicht hilfreich, sondern kann zur Eskalation und Kontaktabbruch führen. Die folgenden Beispiele beschreiben unterschiedliche Interventionsstrategien. In Bezug auf das Thema gleichen sie einander: Es geht um Situationen, in denen Erzieher_innen sich mit Äußerungen von Vätern über deren Söhne konfrontiert sahen.

## Ilka Wagner und Ulla Lindemann: Du bist doch auch ein Vater!

Die Erzieherin Ilka Wagner aus der Europa-Kita des VAK e.V. berichtet von einer Situation, in der es notwendig wurde, sich zu positionieren:

Neulich kam ein Vater in die Kita, um seinen Sohn abzuholen. Schon von weitem sah er, dass der Junge mit Barbiepuppen spielte, und schrie durch den Raum: »Hikmet, du spielst mit Puppen! Bist du ein Mädchen? Komm sofort her!« Der Fünfjährige schreckte auf und schaute seinen Vater ängstlich an. Auch wir waren erschrocken.

In unserer Einrichtung können Jungen und Mädchen mit allen Materialien spielen. Wir bestärken sie bewusst darin und finden es richtig, dass es keine feste Einteilung in Spiele und Sachen für Jungen oder Mädchen gibt. Demzufolge nutzen die Kinder auch Spielmöglichkeiten, die als »geschlechtsuntypisch« gelten. Dennoch werden Jungen manchmal gehänselt, wenn sie zum Beispiel mit Puppen spielen. Wahrscheinlich fand Hikmet es deshalb verletzend, dass der Vater ihn fragte, ob er ein Mädchen sei. Hikmet spielt gern und oft Rollenspiele. Dazu benutzt er auch die Puppen und unsere Familienfiguren. Natürlich möchte er das weiterhin tun. In der Situation mit Hikmets Vater war ich froh, dass wir einen Kollegen im Team haben. Bei manchen Vätern hat es größeres Gewicht, wenn ein Mann ihnen unser pädagogisches Vorgehen erläutert. Kollege Adem nahm sich also der Situation an und sagte dem Vater ganz ruhig: »Bei uns dürfen Jungen mit Puppen spielen. Sieh mal, du bist doch auch ein Vater, der sich um sein Kind kümmert…« Der Vater hörte Adem zu und schien nachdenklich zu werden.

Ich finde, dass mein Kollege die Situation gut gemeistert hat, und war beeindruckt von der Überzeugungskraft seiner Worte. Obwohl er anderer Meinung als der Vater war, stieß er ihn nicht vor den Kopf, sondern baute eine Brücke, indem er an fürsorgliche Väterlichkeit appellierte und dem Vater vorschlug, das Handeln seines Sohns aus dieser Perspektive zu betrachten. Dadurch war es möglich, die lautstarke Intervention des Vaters nicht hinzunehmen, unsere Position klarzumachen und die Interessen des Kindes zu vertreten.

Vielleicht gelang es sogar, den Vater wirklich zum Nachdenken anzuregen. Von dieser Situation abgesehen – wir finden es problematisch, wenn Eltern ihre Kinder anschreien, sie lächerlich machen oder beschämen. Ein Austausch darüber braucht allerdings einen anderen Rahmen als eine Tür-und-Angel-Situation. Deshalb wollen wir bei einem Elternabend darüber sprechen, dass Angst oder Unsicherheit das Wohlbefinden und Lernen der Kinder stark beeinträchtigen. Das Thema »Geschlechterverhältnisse« steht dann als nächstes an.

!

## Intervenieren in unterschiedlichen Machtverhältnissen

In der beschriebenen Situation war die Strategie, dem Vater klar zu signalisieren, dass die Kita Wert auf den Abbau stereotyper Geschlechterrollen legt und von ihren Prinzipien nicht abrückt. Um die Aufnahmebereitschaft des Vaters zu erhöhen, beschloss das Team, dass der männliche Kollege mit dem Vater sprechen sollte. Hier wird deutlich, dass in der Interaktion ein weiteres Moment eine Rolle spielte: Aufgrund der massiven Art des Auftretens des Vaters waren die Erzieher_innen eingeschüchtert. Was das gefühlte Machtverhältnis zwischen ihnen und dem Vater anbelangt, sahen sie sich ihm unterlegen. Sie nahmen offensichtlich das Verhalten des Vaters als gewaltvoll wahr.

Interessant ist: In der beschriebenen Situation wurde das strukturelle Machtverhältnis, das die Institution Kita gegenüber Eltern bevorteilt, außer Kraft gesetzt. Da die Äußerung des Vaters eine deutliche Abwertung von Weiblichkeit enthielt, waren die Frauen emotional betroffen und hätten ihrer gekränkten Gefühle wegen möglicherweise nicht professionell reagieren können.

Der Erzieher Adem reagierte spontan und deutlich gegenüber dem Vater. In seiner Haltung war er zugewandt, unaufgeregt und freundlich. Das ermöglichte dem Vater, sich in dem angespannten Moment auf die Worte des anderen Mannes einlassen zu können. Als das Team sich später darüber austauschte, beschloss es, mit den Eltern in einen längeren Diskurs über Geschlechterrollen zu gehen.

# Mareike Schulz: Bist du ein Mädchen?

Eine Erzieherin beschreibt ihre Gefühle in einer ähnlichen Situation wie im vorangegangenen Beispiel und berichtet von ihren Reflexionen:

An einem frühen Abend, kurz bevor unsere Kindertagesstätte schloss, hatte ich noch ein Geschwisterpärchen zu betreuen. Das Mädchen war damals fast drei, der Junge war fünf Jahre alt. Beide freuten sich über ihr Zusammensein, da sie im Laufe des Tages in unterschiedlichen Gruppen betreut wurden.

Der Vater holte sie ab und begrüßte seine Kinder freudig. Ich erzählte ihm kurz, wie sie den Tag verbracht hatten, und verabschiedete mich, da ich im Haus noch etwas zu erledigen hatte. Ein paar Mal huschte ich an der Familie vorbei und merkte, dass die fröhliche Stimmung verschwunden war. Weil ich im Nebenraum zu tun hatte, bekam ich Folgendes mit: Während das Mädchen seine Hose anzog, stand der Junge vor dem Vater und versuchte mehrmals, ihm etwas zu erzählen. Weil der Vater ihm nicht seine volle Aufmerksamkeit schenkte, fing der Junge an, unruhig zu werden. Da fragte ihn der Vater: »Bist du ein Mädchen?« Verdutzt schaute der Junge den Vater an. Noch einmal fragte der Vater: »Bist du ein Mädchen?« Nun antwortete der Junge: »Nein, bin ich nicht! Bist du ein Mädchen?« Diese Antwort fand ich sehr einfallsreich, doch der Vater sagte lediglich: »Dann verhalt dich auch nicht so!« Danach herrschte Stille. Ich war verärgert, aber zu verunsichert, um einzugreifen. Normalerweise habe ich keine Hemmungen in Situationen, in denen ich herabsetzende Aussagen oder Handlungen bemerke, einzuschreiten. Doch in diesem Augenblick hielten mich viele Gründe zurück. In der Vergangenheit war ich mehrmals mit dem Vater in Konfliktgespräche geraten und hatte vergeblich argumentiert. Ich hatte den Eindruck, dass er mich als junge pädagogische Fachkraft nicht anerkennt. Waren andere Teammitglieder dabei, suchte er das Gespräch mit ihnen. Diese Erfahrungen ließen mich im Nebenzimmer wie angewurzelt stehenbleiben. Ich hörte noch, wie der Vater mit den Kindern die Kita verließ. Ich war sehr unzufrieden, nichts getan zu haben. Ich hätte dieser ungerechten Aussage etwas entgegnen müssen und mich für beide Kinder einsetzen sollen. Ich hätte aus dem Nebenraum heraustreten und meinen Standpunkt vertreten sollen.

Die Sache ließ mich in den nächsten Tagen nicht los. In unserem Konzept haben wir verankert, dass wir großen Wert darauf legen, gegen Einseitigkeiten Stellung zu beziehen und Vorurteilen entgegenzuwirken. Ich vertraute mich der Leiterin an und bat um Rat.

In einer Teambesprechung nahmen wir die beschriebene Situation zum Anlass, die Perspektiven der an der Begegnung Beteiligten zu beleuchten. In die Perspektive des Vaters flossen wahrscheinlich Sorgen, Ängste, Werte und Erziehungsvorstellungen ein. Die Aussage, der Sohn solle sich nicht wie ein Mädchen verhalten, verweist auf ein normatives Rollenkonzept: So sind Mädchen, so haben Jungen zu sein und dementsprechend müssen sie sich verhalten. Beiden Kindern vermittelte der Vater eine stereotype und abwertende Botschaft über das weibliche Geschlecht.

In der Teambesprechung tauschten wir uns auch über unsere Annahmen über die Perspektive der Kinder aus: Der Sohn der Familie stand womöglich unter dem Erwartungsdruck, den Vorstellungen seines Vaters zu entsprechen. Die Tochter nimmt die Äußerungen ihres Vaters auf ihre Weise wahr und integriert sie in ihr Weltbild. Natürlich identifizieren sich beide Kinder mit den Werten der Familie, dennoch sollte - jedes Kind für sich - herausfinden, was es als Person besonders auszeichnet. In der Kita können wir dabei helfen, Räume für neue Perspektiven zu schaffen. Dennoch ist für das Gelingen einer Erziehungs- und Bildungspartnerschaft von großer Bedeutung, die Werte und Vorstellungen beider Parteien transparent zu machen[77]:

- Was empfinde ich?
- Welche pädagogischen Ziele sind mir wichtig?
- Welchen Einfluss hat mein sozio-kultureller Hintergrund auf mein Erziehungshandeln?
- Welche Befürchtungen habe ich?

Die Erzieherin war durch das Verhalten des Vaters aufgebracht. Sie machte sich Vorwürfe, sich nicht auf die Seite des Jungen gestellt zu haben, hatte aber den Mut, sich der Leiterin und dem Team zu offenbaren. Das Team nahm die Gelegenheit wahr, über die beschriebene Situation zu reflektieren, und beleuchtete sie auch aus der Perspektive des Vaters. Es gab der Erzieherin Recht, dass eine spontane Reaktion angesichts der empfundenen Kränkung die Situation hätte eskalieren lassen können.

Nach dem Austausch im Team fühlte sich die Erzieherin gestärkt und für zukünftige Gespräche mit Eltern gerüstet. Sie meinte, es werde ihr nun leichter fallen, ihre Gedanken, Gefühle und ihren kulturellen Hintergrund transparent zu machen.

77 Vgl. Wagner 2013a, S. 237

elru
celebrate our differences
celebrate our similarities

# Mahdokht Ansari und Silvia Schäfstoß: Du bist richtig, wie du bist

Das Team des Evangelischen Stöckach Kindergartens in Stuttgart hatte sich in einer Fortbildung damit auseinandergesetzt, wie wichtig es ist, dass Kinder sich mit ihren äußeren Merkmalen in der Kita wiederfinden, aber auch Vielfalt wahrnehmen können. Wochen später hatten die Kinder sich verkleidet und wurden von der Erzieherin fotografiert. Aus den Fotos entstand ein Poster, das an der Gruppentür angebracht wurde.[78] Silvia Schäfstoß berichtet:

Eines Tages kam ein Vater aufgeregt zu mir und fragte: »Warum trägt mein Sohn auf dem Foto eine Handtasche und einen Glitzerschal? Und ihr hängt das auch noch aus! Ich will nicht, dass er schwul wird!«

Im ersten Moment fühlte ich mich angegriffen, sagte ihm aber sachlich, dass es wichtig für Kinder ist, auch mal in andere Rollen schlüpfen zu können. Doch meine Worte kamen nicht an, er war viel zu aufgebracht. Ich ließ ihn in Ruhe und zog mich zurück.

Das Erlebnis machte mir klar, dass ich viel zu wenig über Homosexualität wusste und deshalb nicht gut argumentieren konnte. Also beschloss ich, mich zu informieren. Ich fand heraus: Bis heute weiß man nicht sicher, warum ein Mensch homosexuell ist, aber das Ausprobieren von Frauenkleidern hat damit nichts zu tun.

Ich ließ das Poster an der Tür hängen, weil ich es nötig fand, das Thema zu verfolgen und mit den Eltern darüber ins Gespräch zu kommen – auch, um es nicht bei der Äußerung des Vaters und meinem Gefühl, unterlegen gewesen zu sein, belassen zu müssen.

Als nächstes sprach ich die Mutter auf den Vorfall an. Sie wusste bereits Bescheid und reagierte nicht so aufgebracht. Ich teilte ihr mit, was ich über Irrtümer in Bezug auf die Entstehung von Homosexualität gelesen hatte und erklärte ihr die Bedeutung von Rollenspielen – einschließlich Verkleiden – für die Identitätsentwicklung von Kindern. Dass das spielerische Ausprobieren unbekannter Rollen dazu dient, andere Perspektiven kennen zu lernen, konnte sie sich vorstellen. Sie hörte mir auch aufmerksam zu, als ich ihr sagte, wie wichtig es für das Selbstwertgefühl ihres Sohnes ist, zu erfahren: Du bist richtig, wie du bist. Unser Gespräch habe ihr geholfen, die Foto-Aktion und das Verhalten ihres Kindes besser zu verstehen, sagte sie zum Schluss. Ihr Mann habe zwar diesbezüglich seine eigene Meinung, aber sie werde ihm von unserem Gespräch berichten.

78 Eine ausführliche Darstellung des Projekts findet sich im Band 2 dieser Reihe »Die Lernumgebung vorurteilsbewusst gestalten«, Kapitel 5.

Als der Vater das nächste Mal in der Kita war, fragte ich ihn, ob seine Frau ihn über unser Gespräch informiert habe. Er bejahte, signalisierte mir aber, dass er nicht mehr über das Thema sprechen möchte. Dass das Poster noch eine Weile an der Tür hing, nahm er hin.
All das zeigte mir, wie sensibel das Thema »Geschlechtsidentität« für Eltern ist. Außerdem wurde mir klar, dass ich mich intensiver mit dem Vorurteilsbewussten Ansatz auseinandersetzen muss, der auch erfordert, sich der eigenen Einseitigkeiten, Vorurteile und Diskriminierungen im Umgang mit Kindern, Eltern und im Team bewusst zu werden, sie zu reflektieren und ihren Einfluss auf Denken und pädagogisches Handeln wahrzunehmen.
Zwar hatte ich den Vater ernst genommen, mich seiner Perspektive auf das Spielverhalten seines Sohnes aber nicht fragend genähert. Selbstkritisch stellte ich fest, dass ich lediglich von meiner Perspektive ausgegangen war und mich angegriffen gefühlt hatte, weil der Vater sie nicht teilte. Besser wäre es gewesen, ihn zu fragen, warum er nicht will, dass sein Sohn sich verkleidet, und was er damit verbindet. Schade, dass ich die Gelegenheit zum Gespräch nicht nutzen konnte, finde ich heute, habe aber gelernt, dass Sachwissen nötig ist. Abstand und Zeit zum Nachdenken können auch nicht schaden.

# Prinzipien für das Eingreifen bei Diskriminierung und Vorurteilen

Situationen, in denen Diskriminierung stattfindet, sind häufig komplex, und die Möglichkeiten, einzugreifen oder sich zu positionieren, hängen von vielen Faktoren ab. Zwar gibt es keine Rezepte, aber grundsätzliche Überlegungen können hilfreich sein, in einer konkreten Situation angemessen zu handeln.

Zunächst schlagen wir vor, Situationen danach zu unterscheiden, ob die von der Äußerung oder Handlung betroffene Person anwesend ist oder nicht. Im ersten Fall ist spontanes und deutliches Eingreifen notwendig, weil die betroffene Person Beistand und Stärkung braucht.

Häufig erleben wir, dass Menschen sich zuerst der diskriminierenden Person zuwenden und sie zurechtweisen. Diese Person wird als Täter_in identifiziert, die andere als Opfer, weil in unserer Gesellschaft die Täter-Opfer-Dualität dominiert und in unserem Rechtssystem verankert ist. Der Fokus richtet sich auf die Täter_innen und die Mittel, sie »gerecht« zu bestrafen. In Situationen, in denen jemand angreift oder angegriffen wird, ist dieses Vorgehen verbreitet.

Führen wir in Workshops Fallbesprechungen zu solchen Situationen durch, kommen wir stets zu der Erkenntnis, wie wichtig es ist, sich zuerst der Person zuzuwenden, die durch Diskriminierung verletzt wurde, ihr Empathie, Trost und Unterstützung zu geben. Schon das ist bereits ein Teil der Positionierung gegen Diskriminierung. Erst danach geht es darum, sich zu der Person zu verhalten, die jemanden verletzt hat.

In zwei der beschriebenen Situationen wurden Kinder von ihren Vätern beschämt und verletzt. Dass die Erzieher_innen ihre Interventionen nicht gegen die Väter richteten, war hilfreich, denn Kinder nehmen dies als negative Bewertung ihrer Eltern wahr. Für ihr Selbstwertgefühl ist es von großer Bedeutung, dass sie erleben: Meine Familie ist in der Kita anerkannt und wird wertgeschätzt. In Diskriminierungssituationen, in denen die betroffene Person nicht anwesend ist, scheint es auf den ersten Blick leichter zu sein, sich zu positionieren. Doch auch in diesen Fällen darf die kritisierte Person nicht vor den Kopf gestoßen werden. Louise Derman-Sparks und Julie Olsen Edwards gehen davon aus, dass die Strategie der unmittelbaren und unverzüglichen Positionierung zwar nahe liegt, plädieren aber dafür, nicht mit einer konfrontativen Bemerkung zu beginnen, weil dies die Möglichkeit erschwert, persönliche Erfahrungen, die einer Position zugrunde liegen, verstehen zu können. »Es schneidet außerdem die Möglichkeit ab, dass die Familie offener für Vielfalt werden könnte.« Dies berücksichtigend, kam die Erzieherin im dritten Beispiel zu der Schlussfolgerung, es wäre sinnvoll gewesen, dem Vater Raum für seine Sichtweise zu geben, etwa mit den Worten: »Ich respektiere Ihre Sorge, aber ich möchte Sie gern verstehen. Warum ist Ihnen wichtig, dass... Was befürchten Sie?«[79] Allerdings haben wir die Erfahrung gemacht, dass es häufig beim Bemühen bleibt, den Hintergrund der Äußerungen von Eltern zu verstehen, und dass eine klare Positionierung ausbleibt.

Wie schaffen wir es, Stellung zu beziehen und dennoch im Kontakt zu bleiben?

Wir schlagen vor, in Diskriminierungssituationen oder bei Äußerungen von Vorurteilen folgende Prinzipien zu berücksichtigen:

## Für eine ruhige Gesprächssituation sorgen

Wir verabreden einen Termin, um in Ruhe über die Situation oder das Problem zu sprechen. Die Zeit vor dem Termin nutzen wir zur Selbstklärung und Vorbereitung.

## Selbstklärung zur Vorbereitung des Gesprächs

Fragen zur Selbstklärung: Wie geht es mir mit der Äußerung oder Handlung? Welche Bedürfnisse sind nicht erfüllt? Welche meiner Werte sind nicht berücksichtigt? Worum geht es mir? Es kann hilfreich sein, andere Menschen an der Selbstklärung zu beteiligen, um die eigenen Gedanken mit ihnen teilen zu und dabei reflektieren zu können.

## Empathie zeigen

Ohne den Angriff, die Abwertung oder Diskriminierung zu relativieren oder zu rechtfertigen, zeigen wir, dass wir uns in die Situation einfühlen oder das Problem nachvollziehen können.

## Das Anliegen der Eltern verstehen wollen

Eltern haben »gute Gründe« für ihre Positionen, die wir herausfinden sollten. Deshalb stellen wir wissen-suchende Fragen. Damit machen wir auch deutlich, dass wir Interesse an der Verständigung haben, obwohl wir mit den Eltern nicht einer Meinung sind: »Ich sage nicht, dass Sie unrecht haben. Ich sage nur, dass ich Ihnen nicht zustimme.« [80]

---

79 Vgl. Derman-Sparks/Olsen Edwards 2010, 41
80 Gonzalez-Mena 2008, 129

## Im Gespräch eine klare Position gegen Ausgrenzung, Abwertung und Diskriminierung beziehen

Jede Diskriminierung oder Ungerechtigkeit, der wir nicht widersprechen, kursiert im sozialen Raum und erscheint als akzeptabel. Deshalb ist es wichtig, sich im Gespräch klar zu positionieren und deutlich zu benennen, wogegen wir uns stellen, auch wenn das Gespräch bereits entspannt verläuft. Das setzt Wissen darüber voraus, was eine Diskriminierung, ein Vorurteil und eine Abwertung ist.
Unter Diskriminierung verstehen wir die abwertende Unterscheidung eines Menschen aufgrund eines Gruppenmerkmals. Manche Beleidigungen oder Herabwürdigungen beziehen sich zwar nicht auf ein Gruppenmerkmal, sind aber dennoch schmerzhaft und unfair.

## Auf pädagogisch-fachlicher Ebene argumentieren

Im Interesse des Kindes, seiner Entwicklung, vor dem Hintergrund des Bildungsauftrags der Kita und auf der Basis eigenen Fachwisssens argumentieren, denn darin besteht unsere Expertise: »Auf das Kind wirkt das so... Von seiner Entwicklung her... Unser Bildungsauftrag, bezogen auf das Lernen Ihres und der anderen Kinder, besagt... Meiner Einschätzung nach...

## Bezug auf das pädagogische Konzept der Kita nehmen

Ein pädagogisches Konzept, das für Situationen von Diskriminierung, Herabwürdigung oder Beleidigung klare Positionen und Verabredungen enthält, ist hilfreich, denn es liefert der eigenen Positionierung einen Rahmen, der im Kita-Team verbindlich ist und den Eltern bekannt sein sollte. Fehlt solch ein Konzept, besteht die Gefahr, dass die von uns eingenommene Position gegen Unrecht lediglich als unsere individuelle Meinung wahrgenommen wird.

## Das gemeinsame Interesse von Eltern und Kita herausstellen

Wir weisen auf Schnittstellen der gemeinsamen Interessen hin: Eltern und pädagogische Fachkräfte verbindet das Interesse am Kindeswohl. Es ist die Basis unseres Kontakts. Allerdings steht für Eltern das Wohl ihres Kindes im Vordergrund, während wir pädagogischen Fachkräfte für das Wohl aller Kinder in der Kita verantwortlich sind.

## Reflexionsfragen

- Intervenieren wir, wenn Eltern sich abfällig oder abwertend über bestimmte Merkmale anderer Kinder oder Familien äußern? (4.9.1.)
- Thematisieren wir gesellschaftliche Missstände, soziale Ungleichheit und wie sie sich auf Kinder und Erwachsene in der Kita auswirken? (3.8.1.)
- Sprechen wir mit Eltern über deren Mitverantwortung für ein Klima von Fairness und Solidarität in der Kita? (3.9.3.)
- Informieren wir Eltern, dass Angst und Unsicherheit kindliches Lernen blockieren? (3.10.1.)
- Vertreten wir das Recht von Kindern auf gewaltfreie Erziehung, das körperliche Bestrafungen, seelische Verletzungen und andere entwürdigende Maßnahmen ausschließt? (3.14.2.)
- Greifen wir ein, wenn Eltern sich in der Kita ungerecht oder diskriminierend verhalten oder äußern? (4.9.1.)
- Beziehen wir in Gesprächen mit Eltern eine klare Position gegen Ungerechtigkeit? Zeigen wir dabei Interesse an der weiteren Verständigung? (4.9.2.)
- Trainieren wir unsere Fähigkeit, in verschiedensten Situationen zu intervenieren und Position zu beziehen? (4.10.3.)

# Literatur

Azun, S./Enßlin, U./Henkys, B./Krause, A./Wagner, P. (Hrsg.): Mit Kindern ins Gespräch kommen. Das Praxisheft. Vorurteilsbewusste Bildung und Erziehung mit Persona Dolls. Fachstelle Kinderwelten, Berlin 2009

Azun, S.: Zusammenarbeit mit Eltern: Respekt für jedes Kind – Respekt für jede Familie. In: Wagner, P. (Hrsg.): Handbuch Inklusion. Grundlagen vorurteilsbewusster Bildung und Erziehung. Freiburg im Breisgau 2013, S. 222-241

Borke, J./Bruns, H. u. a.: Kultursensitive Krippenpädagogik. Anregung für den Umgang mit kultureller Vielfalt. Betrifft KINDER extra, Weimar/Berlin 2013

Bostancı, S./İkiz, Dilek: Schule in der Migrationsgesellschaft. Von den Defiziten der Migrationsanderen zu den Defiziten der Bildungsinstitutionen. Master-Thesis an der Humboldt-Universität zu Berlin, Philosophische Fakultät III, Institut für Sozialwissenschaften. Berlin 2013

Derman-Sparks, L./A.B.C. Task Force: Anti-Bias Curriculum. Tools for Empowering Young Children. NAEYC, Washington D.C. 1989

Derman-Sparks, L.: Prejudice, Bias, and Inequity in the Lives of Infants and Toddlers. pp. 13-24. In: Virmani, E. A./Mangione, P. L. (Eds.): A guide to culturally sensitive care. 2nd edition. Sacramento, CA: California, Department of Education, 2013

Derman-Sparks, L./Olsen Edwards, J.: Anti-Bias Education for Young Children and Ourselves. Washington DC 2010

Derman-Sparks, L./Olsen Edwards, J.: Developing Culturally Responsive Caregiving Practices: Acknowledge, Ask and Adapt. pp. 68-94. In: Virmani, E. A./Mangione, P. L. (Eds.): A guide to culturally sensitive care. 2nd edition. Sacramento, CA: California, Department of Education, 2013

Fialka, V.: Wie Sie die Zusammenarbeit mit Eltern professionell gestalten. Kindergarten heute, Heft 4/2010, Basiswissen Kitamanagement

Friederich, T./Kerl-Wienecke, A.: 55 Fragen & 55 Antworten. Zusammenarbeit mit Eltern in der Kita. Cornelsen, Berlin 2014

Gonzales-Mena, J.: Diversity in Early Care and Education. Honoring Differences. Fifth Edition, New York 2008

Gonzales-Mena, J./Widmeyer-Eyer, D.: Säuglinge, Kleinkinder und ihre Betreuung, Erziehung und Pflege. Ein Curriculum für respektvolle Pflege und Erziehung. Arbor Verlag, Freiamt 2008

Hartmann, S./Hohl, G./Renk, P./Scherer, P. A./Walker, U. (Hrsg.): Gemeinsam für das Kind. Erziehungspartnerschaft und Elternbildung im Kindergarten. verlag das netz, Weimar/Berlin 2007

Hess, S. (Hrsg.): Grundwissen Zusammenarbeit mit Eltern. Cornelsen, Berlin 2012

Howe, S.: Zusammenarbeit mit Eltern in Einrichtungen des Elementarbereichs. Handreichungen zum Berufseinstieg von Elementar- und KindheitspädagogInnen. Universität Bremen 2012

Institut für den Situationsansatz/ Fachstelle Kinderwelten (Hrsg.): Qualitätshandbuch für Vorurteilsbewusste Bildung und Erziehung in Kitas. Berlin 2016, erhältlich bei www.situationsansatz.de

Jurczyk, K./Klinkhardt, J.: Vater, Mutter, Kind? Acht Trends in Familien, die Politik heute kennen sollte. Bertelsmann Stiftung, Gütersloh 2014

Keller, H.: Kinderalltag. Kulturen der Kindheit und ihre Bedeutung für Bindung, Bildung und Erziehung. Springer-Verlag, Berlin/Heidelberg 2011

Keller, H.: Interkulturelle Praxis in der Kita: Wissen – Haltung – Können. Herder, Freiburg 2013

Kobelt Neuhaus, D.: Im Dialog mit den Eltern 0- bis 3-Jähriger. Wie Erziehungspartnerschaft gelingen kann. Cornelsen Skriptor, Berlin 2011

Krause, M. P.: Eltern in schwierigen Situationen begegnen. Vertrauen durch Anerkennung gewinnen. In: TPS 4/2010, S. 19-23

Kuyumcu, Ş.: Positiver Blick – individuelle Betrachtung. Gelingende Kommunikation mit Migrantenfamilien. In: TPS 4/2010, S. 34-37

Maywald, J./Schön, B. (Hrsg.): Krippen: Wie frühe Betreuung gelingt. Fundierter Rat zu einem umstrittenen Thema. Beltz, Weinheim 2008

Mecheril, P.: Von der interkulturellen zur migrationsgesellschaftlichen Öffnung – rassismuskritische Perspektiven. Vortrag. Pädagogisches Institut, Dokumentation Symposium, 2013

nifbe (Hrsg.): Vielfalt von Anfang an. Inklusion in Krippe und KiTa. Herder, Freiburg 2012

Preissing, C./ Heller, E. (Hrsg.): Qualität im Situationsansatz. Qualitätskriterien und Materialien für die Qualitätsentwicklung in Kindertageseinrichtungen, Cornelsen: Scriptor, Berlin/ Düsseldorf. 2009

Roth, X.: Handbuch Bildungs- und Erziehungspartnerschaft. Zusammenarbeit mit Eltern in der Kita. Freiburg 2010

Schaich, U.: Schwierige Übergänge. Trennungserfahrungen, Identität und Bildung in der Kinderkrippe. Risiko-und Bewältigungsfaktoren aus interkultureller Perspektive. Brandes & Apsel, Frankfurt am Main 2011

Schlösser, E.: Zusammenarbeit mit Eltern – interkulturell: Informationen und Methoden zur Kooperation mit deutschen und zugewanderten Eltern in Kindergarten, Grundschule und Familienbildung. Ökotopia, Münster 2004

Textor, R. M.: Erziehungs- und Bildungspartnerschaft mit Eltern. Gemeinsam Verantwortung übernehmen. Herder, Freiburg 2006

Textor, R. M.: Elternarbeit im Kindergarten: Ziele, Formen, Methoden. 2. überarb. und erg. Auflage, Norderstedt 2013

Thiersch, R.: Elternbildung und Erziehungspartnerschaft. In: Hartmann, S./ Hohl, G./Renk, P./Scherer, P. A./Walker, U. (Hrsg.): Gemeinsam für das Kind. Erziehungspartnerschaft und Elternbildung im Kindergarten. verlag das netz, Weimar/ Berlin 2007

Verlinden, M./Külbel, A.: Väter im Kindergarten: Anregungen für die Zusammenarbeit mit Vätern in Tageseinrichtungen für Kinder. Beltz, Weinheim 2005

Virmani, E. A./Mangione, P. L. (Eds.): A guide to culturally sensitive care. 2nd ed. Sacramento, CA: California, Department of Education, 2013

Wagner, P.: Vielfalt respektieren, Ausgrenzung widerstehen – aber wie kann man das lernen? In: Wagner, P. (Hrsg.): Handbuch Inklusion. Grundlagen vorurteilsbewusster Bildung und Erziehung. Herder, Freiburg/Basel/Wien 2013a

Wagner, P.: „Clash of Cultures“ in der Kita? Wenn Familienkulturen und institutionelle Kulturen aufeinander prallen… TPS 5/ 2013b

Wagner, P.: Gemeinsam Vielfalt und Fairness erleben. Cornelsen, Berlin 2014

Wagner, P./Lindemann, U.: Sprachliche Bildung im Situationsansatz. Fortbildungs-Reihe und Tagung mit Kitas des Trägers INA.KINDER.GARTEN. Unveröffentlichtes Manuskript, 2008

Weiß, H.: Zusammenarbeit mit Eltern in schwierigen sozialen Lagen. In: Hess, S. (Hrsg.): Grundwissen Zusammenarbeit mit Eltern. Cornelsen, Berlin 2012

# Internetquellen

Bildungsinitiative QUEERFORMAT (Hg.):Wie Sie sexuelle und geschlechtliche Vielfalt in Ihrer Schule unterstützen können. Teil1-4. (2012)
http://www.queerformat.de/schule/publikationen-und-materialien/
(Zugriff am 4.5.2016)

Hillier, L./Jones, T./Monagle, M./Overton, N./Gahan, L./Blackmann, J./Mitchell, A.: Writing Themselves In 3. The third national study on sexual health and well being of same sex attracted and gender questioning young people. Australian Research Centre in Sex, Health and Society. Melbourne: La Trobe University 2010.
http://www.glhv.org.au/report/writing-themselves-3-wti3-report
(Zugriff am 3. 10. 2014.)

Mecheril, P.: Von der interkulturellen zur migrationsgesellschaftlichen Öffnung – rassismuskritische Perspektiven. Pädagogisches Institut, Dokumentation Symposium des Pädagogischen Instituts München: Vielfalt leben – Zukunft gestalten. Interkulturalität, Diversität, Antidiskriminierung. 2013.
http://www.pi-muenchen.de/fileadmin/bilder/andere/symposium2013/PDFs/Vortrag_Tag_2_0_M.pdf
(Zugriff am 4.5.2016)

Terkessidis, M.: Das Programm Interkultur und die Aufgabe der Bildung. Pädagogisches Institut, Dokumentation Symposium des Pädagogischen Instituts München: Vielfalt leben – Zukunft gestalten. Interkulturalität, Diversität, Antidiskriminierung. 2013.
http://www.pi-muenchen.de/fileadmin/bilder/andere/symposium2013/PDFs/Vortrag_Tag_1_01_T.pdf (Zugriff am 4.5.2016)

# Beteiligte Einrichtungen

Europa-Kita des VAK e. V. (Berlin)
Evangelischer Kindergarten OASE (Stuttgart), Evang. Kirchengemeinde Neugereut
Evangelischer Stöckach-Kindergarten (Stuttgart), Ev. Gesamtkirchengemeinde Stuttgart
Kinder- und Familienzentrum Osterhop (Bremen); KiTA Bremen
Kinder- und Familienzentrum Arbergen (Bremen), KiTA Bremen
Kita Brittendorfer Weg (Berlin), Kindertagesstätten Berlin Süd-West
Kita Fuchsturmweg (Jena), Studentenwerk Thüringen
Kita Janusz Korczak (Jena), KKJ Jena
Kita Hoppetosse (Berlin) Kindergärten Nordost – Eigenbetrieb von Berlin –
Kita Regenbogen (Jena) KKJ
Kita im tam (Berlin), Diakonisches Werk Berlin e. V.

# Angaben zu den Autor_innen

Dr. Alemazung, Joy ist promovierter Politologe und Soziologe mit mehrjähriger Erfahrung als Forscher, Dozent, Berater, Referent in der entwicklungspolitischen Bildung, mit den Schwerpunkten Migration und Entwicklung/Integration, Sozialisation und interkulturelles Management, Nord-Süd-Entwicklungspolitik, Organisationsentwicklung und internationale Politik. Dr. Alemazung arbeitet seit März 2013 als Projektleiter bei Engagement Global gGmbH – Service für Entwicklungsinitiativen des Bundesministeriums für wirtschaftliche Zusammenarbeit und Entwicklung. Herausgeber des Global Applied Sociology Journal, Senior Analyst beim Global Governance Institute in Brüssel und Gastdozent an der Bremer Hochschule sowie der Universität Gent (Belgien).

Ansari, Mahdokht ist Erziehungswissenschaftlerin (Diplom) und arbeitet seit 2000 fortlaufend als Mitarbeiterin und Praxisbegleiterin in verschiedenen Projekten der Fachstelle Kinderwelten/ISTA. 2011–2014 war sie Leiterin des Bereichs Fortbildung im Institut für den Situationsansatz und der Fachstelle Kinderwelten. 2004–2007 arbeitete sie als Lehrbeauftragte an der Freien Universität Berlin und an der Alice Salamon Hochschule Berlin. Tätigkeiten/Angebote: Fortbildungen, Beratung, Publikationen. Schwerpunkte: Inklusion und Vorurteilsbewusste Bildung und Erziehung, Zusammenarbeit mit Eltern, Sprachentwicklung und Mehrsprachigkeit.

Buhk, Sabine ist Fachberaterin bei den Eigenbetrieben der Stadtgemeinde Bremen (KiTa Bremen) und Multiplikatorin für den Ansatz der Vorurteilsbewussten Bildung und Erziehung.

Dahms, Bianca ist Erzieherin und seit 2006 bei INA.KINDERGARTEN in Berlin angestellt. Sie ist Spezialistin für den Situationsansatz. Ihr Schwerpunkt liegt in der Krippenarbeit.

Ersan, Emel ist stellvertretende Zentrumsleiterin im Kinder-und Familienzentrum Osterhop. 2010 nahm sie am Projekt Kinderwelten in der Kita Kornstraße teil. Ihre Schwerpunktthemen sind: Vorurteilsbewusste Bildung und Erziehung, Zusammenarbeit mit Eltern sowie Elterngesprächskreise.

Goik-Halacz, Joanna arbeitet seit 2000 als Erzieherin und seit 2002 in der Europakita VAK e.V. in Berlin. Im Jahr 2003 hat sie sich zur Fachkraft für den Situationsansatz mit dem Schwerpunkt interkulturelle/vorurteilsbewusste Bildung und Erziehung qualifiziert. Ihre Schwerpunkte sind unter anderem Naturwissenschaften und die Arbeit mit der Persona Doll.

Höhme, Evelyne ist Erziehungswissenschaftlerin (M. A.), Psychodramaleiterin und Multiplikatorin für den Situationsansatz. 2000–2003 arbeitete sie als Praxisbegleiterin im Projekt Kinderwelten/ISTA. 2001–2008 war sie Leiterin des Projektes »Demokratie leben in Kindergarten und Schule« in Eberswalde, anschließend tätig in der Aus-, Fort- und Weiterbildung. 2012–2014 war sie Koordinatorin im Projekt »Inklusion in der Praxis von Kitas und Krippen« der Fachstelle Kinderwelten/ISTA. Tätigkeiten/Angebote: Fortbildungen, Beratung, Publikationen. Schwerpunkte: Inklusion und Vorurteilsbewusste Bildung und Erziehung, Partizipation, Zusammenarbeit mit Eltern, Multiplikator_innen-Weiterbildungen, Gewaltfreie Kommunikation.

Kleymann, Eva ist Erzieherin, stellvertretende Leiterin im Kinder-und Familienzentrum Arbergen/KiTa-Bremen, Bezugspädagogin in der offenen Arbeit und Sprachförderkraft.

Schwerpunkte ihrer Arbeit sind: Inklusion und vorurteilsbewusste Bildung und Erziehung sowie die Moderatorin von Elterngesprächskreisen.

Krause, Anke ist Erziehungswissenschaftlerin/Dipl.-Päd. Von 2003–2010 war sie Projektkoordinatorin in den Kinderwelten-Projekten sowie 2001–2009 Koordinatorin und Aktivistin im Europäischen Netzwerk DECET. 2011–2012 arbeitete sie als Projektkoordinatorin bei der RAA Brandenburg »Kita Inklusiv«, 2012–2014 als Koordinatorin im Projekt »Inklusion in der Praxis von Kitas und Krippen« der Fachstelle Kinderwelten/ISTA. Tätigkeiten/Angebote: Fortbildungen, Beratung, Vorträge, Publikationen. Ihre Schwerpunkte sind Inklusion und Vorurteilsbewusste Bildung und Erziehung, Inklusive Interaktion mit Kindern, Persona Dolls, Zusammenarbeit mit Eltern, Multiplikator_innen-Weiterbildungen und Gewaltfreie Kommunikation.

Lindemann, Ulla ist Diplom-Psychologin, Erzieherin, Expertin für Qualität im Situationsansatz, Multiplikatorin für Vorurteilsbewusste Bildung und Erziehung sowie Multiplikatorin für das Berliner Bildungsprogramm. Seit 2003 ist sie als freie Mitarbeiterin und Praxisbegleiterin für die Fachstelle Kinderwelten/ISTA tätig. 2012–2014 arbeitete sie als Koordinatorin im Projekt »Inklusion in der Praxis von Krippen und Kitas« der Fachstelle Kinderwelten. Tätigkeiten/Angebote: Qualitätsentwicklung in Kindertagesstätten (Interne und externe Evaluationen zum Berliner Bildungsprogramm), Fortbildungen, vorurteilsbewusste Kinderliteratur.

London, Julika ist Erzieherin. 2010–2011 arbeitete sie als pädagogische Fachkraft in der Kita und Krippe. Seit 2011 ist sie Stellvertretende Kitaleiterin in einer Berliner Krippe.

Rattay, Andrea ist Erzieherin und arbeitet seit 28 Jahren als pädagogische Fachkraft im Kindergarten-, Krippen- und Hortbereich in Hannover. 2010 hat sie Level A der Weiterbildung zur Fachkraft im Situationsansatz abgeschlossen. 2014 folgte Modul 4 zur Vorurteilsbewussten Bildung und Erziehung. Beides stellt seitdem einen Schwerpunkt ihrer Arbeit dar.

Richter, Sandra ist Frühpädagogin (B.A.) und in der Fachstelle Kinderwelten/ISTA als Leitungsassistentin sowie als freiberufliche Referentin, Autorin und Evaluatorin zum Berliner Bildungsprogramm tätig. Ihre Themenschwerpunkte sind Vorurteilsbewusste

Bildung und Erziehung, Inklusion, Rassismus/Anti-Rassismus-Arbeit, kritische Weißseinsforschung, Partizipation und Adultismus.

Rösner, Andrea ist Ethnologin (M. A.) sowie durch die Bundesarbeitsgemeinschaft für Familienbildung und Beratung e. V. zertifizierte Elternbegleiterin. Seit 2014 ist sie als freiberufliche Mitarbeiterin der Fachstelle Kinderwelten/ISTA tätig. Seit 2014 arbeitet sie als freie Mitarbeiterin im Nachbarschaftsheim Neukölln mit neu zugewanderten Familien aus Südosteuropa. Tätigkeiten/Angebote: Fortbildungen, Workshops, Praxisbegleitung, Publikationen, Erstellung von Fortbildungsmaterialien, Konzeption von Fachtagungen. Schwerpunkte: Vorurteilsbewusste Bildung und Erziehung, Inklusion, Kritisches Weißsein, (Trans)Gender, Subsahara Afrika.

Schäfstoß, Silvia ist stellvertretende Kitaleiterin; Leiterin des Ev. Kinder- und Familienzentrums Stöckach und seit 2008 im Projekt Kinderwelten tätig.

Schulz, Mareike ist Kindheitspädagogin (B.A.) und aktuell Studentin des Masterstudiengangs Bildungswissenschaft an der Freien Universität Berlin. In ihrer Masterarbeit erforscht sie die Thematik »Adultismus in frühkindlichen Bildungs- und Betreuungsinstitutionen«. Während des Masterstudiums ist sie als pädagogische Fachkraft in einer Berliner Kindertagesstätte tätig.

Simon, Renate ist Kindheitspädagogin, Multiplikatorin für den Ansatz der Vorurteilsbewussten Bildung und Erziehung sowie Multiplikatorin für Persona Dolls. Sie arbeitet als Leitung im Evangelischen Kindergarten OASE in Stuttgart und als Fortbildnerin. Darüber hinaus begleitet sie Kita-Teams bei der Weiterentwicklung ihrer pädagogischen Arbeit.

Wagner, Ilka ist Erzieherin und Kitaleiterin. Von 1989–2015 war sie Erzieherin im VAK e. V., seit 2015 ist sie dort Leiterin. Ihre Schwerpunkte sind Vorurteilsbewusste Bildung und Erziehung, Arbeit mit Persona Dolls, Zwei-und Mehrsprachigkeit sowie die Zusammenarbeit mit Eltern. Außerdem ist sie als freie Mitarbeiterin der Fachstelle Kinderwelten/ISTA im Bereich vorurteilsbewusste Kinderbücher tätig.

Wagner, Petra ist Diplom-Pädagogin (Erziehungswissenschaften mit Schwerpunkt Interkulturelle Bildung an der FU Berlin). Ab 1979 in Projekten zur interkulturellen und bilingualen (türkisch-deutschen) Erziehung im Elementar- und Grundschulbereich tätig. 1993–1998 Wissenschaftliche Mitarbeiterin am Institut für Grundschulpädagogik der FU Berlin. Mitbegründerin und seit 2000 Leitung der Kinderwelten-Projekte für Vorurteilsbewusste Bildung und Erziehung im Institut für den Situationsansatz ISTA/INA Berlin gGmbH. Seit 2011 ist sie Direktorin des ISTA.

Wolfrum, Sonja ist Diplom-Pädagogin. Von 2012–2015 war sie zunächst als Erzieherin sowie später als stellvertretende Leiterin in einer Berliner Kita tätig und Teilnehmerin des Projekts »Inklusion in der Praxis von Krippen und Kitas«. Sie ist Multiplikatorin für den Ansatz der Vorurteilsbewussten Bildung und Erziehung und seit Ende 2015 als Koordinatorin im ESF-Bundesmodellprojekt »Quereinstieg – Männer und Frauen in Kitas« tätig.

# Abbildungsverzeichnis

# Schlagwortverzeichnis

| SCHLAGWORT | TEXTSORTE | BAND | SEITE |
|---|---|---|---|
| Familie | Praxisbeispiel: Familienvielfalt in der Kindergruppe (Rüdiger Schalla) | Band 3 | S. 97–98 |
| | Praxisbeispiel: Familienwurzeln | Band 2 | S. 160 |
| | Praxisbeispiel: Muttertag oder Familientag? (Mahdokht Ansari) | Band 4 | S. 82–86 |
| | Praxisbeispiel: Wer kann wen heiraten? (Henriette Bauer-Baudis und Ulla Lindemann) | Band 3 | S.126–127 |
| | Praxisbeispiel: Familienbilder in der Krippe (Rebecca Walter-Ludwig) | Band 2 | S. 53–54 |
| | Praxisbeispiel: Die Familienrezepte der Familien | Band 2 | S. 160 |
| Gefühle | Infobox: Gefühls-Wörter, Adjektive für Gefühle von Kindern zwischen 2 – 4 und 5–8 Jahren | Band 3 | S. 65–66 |
| | Infobox: Nach Gefühlen fragen | Band 3 | S. 68 |
| | Praxisbeispiel: Hollys Kummer | Band 2 | S.147–148 |
| | Praxisbeispiel: Wir nennen die Dinge beim Namen (Ilka Wagner und Ulla Lindemann) | Band 2 | S. 139–141 |
| | Praxisbeispiel: Jonas guckt schon ganz sauer (Miriam Heß und Ulla Lindemann) | Band 3 | S. 58–60 |
| | Praxisbeispiel: Was Kindern gut tut und was nicht (Ilka Wagner und Ulla Lindemann) | Band 3 | S. 53–57 |
| Gender | Infobox: Die Geschlechterdifferenz | Band 4 | S. 42 |
| | Infobox: Die Sache mit den Geschlechtern (Berit Wolter) | Band 2 | S. 133–134 |
| | Infobox: Die Sache mit der Geschlechterkonstanz | Band 2 | S. 131 |
| | Praxisbeispiel: Bist du ein Mädchen? (Mareike Schulz) | Band 1 | S. 144–145 |
| | Praxisbeispiel: Du bist doch auch ein Vater! (Ilka Wagner und Ulla Lindemann) | Band 1 | S. 141–142 |
| | Praxisbeispiel: Du bist richtig, wie du bist! (Mahdokht Ansari und Silvia Schäfstoß) | Band 1 | S. 147–148 |
| | Praxisbeispiel: Familienformen, Geschlechteridentitäten und Genderrollen (Andrea Rösner) | Band 1 | S. 115–122 |
| | Praxisbeispiel: Geschlechterrollenüberschreitung als Chance (Andrea Rösner) | Band 3 | S. 131–133 |
| | Praxisbeispiel: Gibt es Mädchen- und Jungenfarben? (Ilka Wagner und Ulla Lindemann) | Band 2 | S. 131–132 |
| | Praxisbeispiel: Männer sehen auch fern! | Band 2 | S. 150 |
| | Praxisbeispiel: Von der Puppenecke zum Wohnzimmer (Evelyne Höhme) | Band 2 | S.129–131 |
| | Praxisbeispiel: Wer kann wen heiraten? (Henriette Bauer-Baudis und Ulla Lindemann) | Band 3 | S. 126–127 |
| | Praxisbeispiel: Wie wir zu geschlechterstereotypen Vorstellungen beitragen (Evelyne Höhme) | Band 4 | S. 39–46 |
| | Praxismethode: Das Tatsache-oder-Vorurteil-Spiel | Band 2 | S. 134 |
| | Praxismethode: Fragen zur Reflexion der eigenen Vorstellungen über Geschlechterrollen | Band 3 | S. 133–134 |
| Hautfarben | Infokasten: Hautfarbe | Band 2 | S. 31 |

# Was mit Kindern,

abgekürzt **wamiki**, heißt unser Verlag.

Wir entwickeln, produzieren und vertreiben

**wamiki – Das pädagogische Fachmagazin** in Print, Digital und als Extra...
**Ausstellungen –** Interaktive Lernwerkstätten zu Themen und Methoden..
**Fachmedien –** Ideen und Projekte als Heft, Buch, Poster, Film...
**Materialien –** Zeugs zum Spielen und Lernen...

Sinnlich, spielerisch und frech.

Unser Onlineshop ist geöffnet:
**wamiki.de/shop**

Telefon der Redaktion:
030/48 09 65 36

Wir freuen uns auf
Deinen Besuch/Anruf.

**wamiki.de**